지적대화를 위한 인문학 고전 읽기

지적대화를 위한 인문학 고전 읽기

초판 1쇄 펴낸 날 | 2020년 8월 25일

지은이 | 김도사 / 송은섭
펴낸이 | 이금석
마케팅 · 경영지원 | 박지원
디자인 | 아이템_EYETEM
펴낸곳 | 도서출판 무한
등록일 | 1993년 4월 2일
등록번호 | 제3-468호
주소 | 서울시 마포구 잔다리로9길 10
전화 | 02)322-6144
팩스 | 02)325-6143
홈페이지 | www.muhan-book.co.kr
e-mail | muhanbook7@naver.com

가격 15,900원
ISBN 978-89-5601-758-7

지적대화를 위한 인문학 고전 읽기

김도사 / 송은섭 지음

무한

프롤로그

"수천 년 인문고전의 지혜가 나의 일상에 스며든다면?"

인문고전의 지혜는 삶의 무기다.

"명작을 읽는 습관은 닥쳐올 인생의 여러 가지 불행으로부터
당신의 몸을 보호하는 하나의 피난처가 될 것이다."

인간 본성에 대한 통찰이 돋보이는 작품으로 유명한 영국의 소설가 서머셋 몸(Somerset Maugham:1874~1965)의 말이다.

언젠가 닥쳐올 불행과 고난에 대해 두려워하고 있는가? 아니면 지금 운이 없다고 생각하며 벗어나기 위해 몸부림 치고 있는가? 어떤 상황에 처해 있더라도 불행과 고난을 맞이할 준비가 되어 있지 않다면 누구나 두려운 삶을 살 수밖에 없을 것이다. 이를 두고 서머셋 몸은 명작을 읽는

습관이 불행으로부터 나를 보호하는 하나의 피난처가 될 것이라고 했다.

고전으로 분류되는 책의 저자들은 가히 천재라 불리는 사람들이다. 천재들의 명작 속에는 시대를 뛰어넘는 인간의 삶에 대한 이치가 담겨 있다. 그 이치를 나의 삶에 연결시켜서 일상의 습관으로 만든다면 어떠한 위기를 맞이하더라도 이겨낼 수 있는 무기가 될 것이다.

현대그룹 창업자인 고 정주영 회장은 회사의 위기 때마다《채근담》,《대학》의 지혜를 활용해 위기에서 벗어나고 새로운 도전에 성공할 수 있었다고 한다. 백범 김구 선생은 감옥에서 탈옥해 거지가 되었을 때도《손자병법》과《삼략》을 암송하면서 다녔다고 한다. 그의 자서전《백범일지》를 보면 그가 동양고전은 물론이고 서양고전에도 정통했음을 알 수 있다.《군주론》으로 유명한 마키아벨리는 늘 고전을 곁에 두고 살았다. 그는 고전과의 대화를 통해 현재의 시련을 극복할 수 있는 지혜를 모색함으로써 역사에 흔적을 남기는 위대한 인물이 됐다.

91, 19

〈91.19〉라는 숫자를 인터넷으로 검색하면 한 사람에 대한 수많은 기사가 검색창에 뜬다. 바로 가수 양준일에 대한 글과 동영상이다. 10대부터 50대에 이르기까지 그의 팬덤은 한 연령층에 국한되지 않고 모든 세대를 아우르는 것으로 유명하다. 왜 그렇게 가수 양준일에게 열광하는 것일까? 양준일은 '신은 죽었다'로 유명한 니체의 철학을 그의 삶 속에서 실천한 가수다. 양준일은 1991년에 〈리베카〉라는 노래로 가요계에 데뷔했다. 파격적인 패션과 온몸으로 노래를 표현했던 춤으로 그에게는 '시대를 앞서간 예술가'라는 수식어가 붙여졌다. 하지만 당시에는 호불호가 명확하게 갈려졌던 가수였다. 어느날 그는 짧은 가수활동을 접고 돌연 가요계에서 사라졌다. 1990년대 초반의 한국 가요계는 그가 표현하고자 하는 방향과 맞지 않았다. 심지어 재미 교포인 그를 다시는 한국에서 활동하지 못하게 하겠다는 모욕적인 말도 감수해야 했다. 결국 다시 미국으로 돌아간 그는 너무나 다른 환경에서 힘들게 살아야만 했다. 28년이 지나 2019년에 한 TV방송 프로그램에서 그를 다시 찾았을 때 그는 레스토랑에서 써빙을 하면서 한 아이의 아빠이자 남편으로서 살고 있었다. 2019년 11월, 화려하게 컴백한 그는 한 방송과의 인터뷰에서 그동안 얼마나 힘들게 지냈느냐는 사회자의 질문에 이렇게 답변했다.

"과거의 영광에 집착하지 않으려고 노력했습니다. 많은 것을 내려놓아야 했고요. 마음을 비우고, 다시 채우고, 비우고 다시 채우고를 반복하면서 나 자신을 알아가는 시간이 많아질수록 희망을 갖게 되었습니다."

그리고 한 라디오 방송에 출연했을 때는
"이런 인기에 대해 실감하십니까?"라고 질문하자
"이게 익숙해지지 않았으면 좋겠습니다. 타성에 젖지 않게 말이죠" 라고 말했다.

가수 양준일의 생각과 말은 니체가 말한 '인생은 사건이 아니라 해석이다'와 상당히 닮아 있다. 특별히 그가 니체를 언급하며 이야기하지는 않았지만 힘든 시기에 어떻게 그 상황을 해석하느냐에 따라 인생이 달라짐을 알고 있었던 것이다. 그는 누구 탓도 하지 않았고 오직 자신에 대한 성찰을 통해 힘들지만 긍정과 희망의 인생을 살아왔다. 바로 이런 인간적인 모습과 겸손함이 전 연령층의 팬들이 그에게 열광하는 이유다.

인문학도 이렇게 우리 삶속에 스며들어야 한다. 사상과 철학을 논하는 것이 중요한 것이 아니라 단 한 문장의 말이라도 내 삶에 어떻게 실천하느냐가 중요하다.

직장, 가정, 친구들과 함께 일상 속에서 나누는 인문고전의 지혜

인문고전을 읽고 생각을 나누는 사람들이 있다. 반면, 매일같이 신세한탄하며 부정적인 생각으로 남의 험담만 하는 사람들이 있다. 두 부류의 인생을 비교해보자. 전자는 지적 성장을 통해 생각하는 힘이 지혜로운 삶을 살도록 만들어 줄 것이다. 후자는 매일 남의 눈치만 보면서 뒷담화만 늘어갈 것이다. 급기야 누군가가 자신을 험담하지는 않는지 불안한 심정으로 살 것이다. 세상 사람들이 자신처럼 남 험담하기를 좋아한다고 생각하기 때문이다. 여러분은 어떤 삶을 살고 싶은가? 당장 오늘부터 일상 속에서 나누는 인문고전의 지혜를 실천해보기 바란다. 내가 먼저 달라지면 내 주변사람들에게 선한 영향력을 미치게 되고 그 영향력으로 인해 주변사람들이 변하면 결국 나에게 되돌아오게 되어 있다.

이 책에서는 실생활에 적용할 수 있는 인문학 입문과 독서법, 자기계발, 생각의 변화 등에 대해 다루고 있다. 제1장에서는 인문고전 독서가 왜 필요한지에 대해 성공한 사람들의 예를 들어 설명하고 있다. 제2장에서는 인문고전 독서도 자기계발 하듯이 성장하는 방법으로 실천해야 함을 강조하고 있으며 습관을 만들어가는 구체적인 방법에 대해 이야기하고 있다. 제3장에서는 생각의 노예가 되어버린 우리의 현실을 직시하고 생각의 주인으로 사는 방법에 대해 설명하고 있다. 제4장에서는 어렵게만 느껴지는 인문고전 독서를 어떻게 하면 보다 쉽게 이해할 수 있는지 독서방법을 제시하고 있다. 제5장에서는 인문고전의 가치에 대해 다시금 인식하고 동기를 유발할 수 있는 내용들로 구성했다. 각 꼭지의 말미에는 지적대화를 위한 인문고전활용 Tip이 포함되어 있다.

"인문고전의 지혜를 내 삶에 적용할 수 있다면?"

더 이상 고독하지 않을 것이다. 더 이상 가난하지 않을 것이다. 더 이상 나약하지 않게 인생을 살 수 있을 것이다. 수많은 삶의 고비마다 인생의 방향을 잃지 않도록 나에게 가치관이라는 생각의 완성을 만들어 줄 것이다. 그 생각의 완성으로 흔들림 없이 살아갈 것이다.

"현재의 나를 존재하게 하는 것은 무엇의 결과일까?"

이 질문에 프로이트가 정신분석이론으로 답을 하면 '과거의 경험이 현재의 나를 존재하게 하는 원인이다'라고 말할 것이다. 만약 심리학의 3대 거장 중 한 명인 알프레드 아들러가 개인심리학이론으로 답을 하면 '미래를 위한 목적이 현재의 나를 존재하게 하는 이유다'라고 말할 것이다. 실존철학의 선구자인 니체가 짜라투스트라를 앞세워 답을 한다면 '인생은 사건이 아니라 해석이다. 현재의 나를 존재하게 하는 것은 내가 어떻게 해석하느냐에 달려 있는 문제다'라고 했을 것이다. 여러분은 어떤 답이 미래를 향해 성장할 수 있는 답이라고 생각하는가? 과거의 트라우마에 얽매여 있는 사람은 평생을 과거 속에서만 살 수 밖에 없다. 그들에게 미래를 이야기하는 것은 마치 벽을 대하고 이야기하는 것과 같다. 생각의 틀을 바꿔야 한다. 인문고전은 생각의 틀을 바꿔주는 좋은 수단이다.

한 달에 200여명의 사람들이 〈한국책쓰기1인창업코칭협회(이하 한책협)〉를 찾아온다. 대부분의 사람들이 과거의 트라우마에서 벗어나기를 원한다. 김도사가 그들에게 가장 먼저 내리는 처방은 의식 확장이다. 책 쓰기와 1인 창업으로 부자가 되는 것은 어떻게 의식의 변화를 이루어 내느냐에 달려 있다. 작가 송은섭은 〈한책협〉에서 의식 확장을 통해 현재의 존재목적을 과거시점에서 미래시점으로 옮기는 데 성공했다. 그 결과 더 이상 과거 속에 살지 않게 되었다. 그리고 지금은 당당하게 이야기한다. '잘못된 삶의 패턴을 버리지 못하면 평생 행복한 삶을 영위할 수 없다'라고 말이다. 지금 잘못된 패턴으로 살고 있다면 〈한책협〉이 여러분의 삶에 변화를 줄 수 있을 것이다.

유튜브 〈김도사 TV〉에는 책 쓰기뿐만 아니라 의식의 성장과 부자 되는 법 등에 대해서도 알려주고 있다. 특히 김도사가 120억대 부자가 된 과정과 노하우는 지금 시련과 좌절에 빠져 있는 사람들에게 희망이 되고 있다.

전 세계가 '코로나19'로 힘들어하고 있다. 숨 가쁘게 돌아가던 세상이 갑자기 멈춰버린 것 같다. 익숙하지 않은 일상이다. 혜민 스님은 멈추면 보인다고 했다. 일상이 멈추었을 때 한 권의 책은 나에게 어떤 세상을 보여줄 수 있을 것인가? 이 책을 읽는 독자들이 인문고전의 지혜를 통해 생각의 변화와 의식이 확장되는 경험을 했으면 좋겠다.

2020년 7월
김도사, 송은섭

차례

5 100년 후에도 변하지 않는 인문고전의 가치

제1장
지금 왜? 인문고전 독서인가?

01

지금 왜? 인문고전 독서인가?

교양 없는 전문가야말로 우리의 문명을 가장 위협하는 존재다.
전문 능력이 있다고 해서 교양이 없거나 매사에 무지해도 되는 것일까?

– 일본 아스펜 연구소 홈페이지에서 –

인문학과 기술의 만남

"소크라테스와 점심을 할 수 있다면 애플이 가진 모든 기술을 주겠다."
"애플은 언제나 인문학과 기술의 교차로에 서 있다."

애플 성공신화의 주인공 스티브잡스가 한 말이다. 스티브잡스는 왜 이 말을 공식석상에서 했을까? 우리는 다양한 관점에서 그의 의도를 분석해볼 필요가 있다. 특히, 그가 사업가라는 측면에서 분석해보면 결국 애플이 성장하는 데 이익이 되는 말임에 틀림없다. 스티브잡스는 기술과 인문학을 결합시키면 더 많은 돈을 벌 수 있다고 확신했다. 그는 인간사의 흐름과 세상의 변화를 읽는 능력이 탁월했다. 그래서 이런 말을 할 수 있었던 것이다.

"애플의 DNA는 기술에만 있는 것이 아니다. 애플의 기술은 인문학과 결합되어 우리의 심장이 노래하는 놀라운 결과를 만들어 냈다."

잡스는 애플 신화의 원동력이 바로 인문학이라고 설명했다. 세상 사람들은 그의 말에 열광하기 시작했고 애플은 곧 인문학이라는 생각을 하게 되었다. 대단한 마케팅 전략이다. 그의 이 말에 우리나라에서도 인문학 열풍이 거세게 불었다. 인문학이 기술을 선도하는 시대에 살고 있다며 모두가 인문학을 강조하고 있다. 그런데 정작 우리는 인문학에 대해 얼마나 알고 있는가? 아주 기초적인 질문에서부터 접근해보자. 인문학은 무엇이고 인문고전은 무엇인가? 왜 어떤 사람은 인문학이라고 하고 어떤 사람은 인문고전이라고 하는가? 이 둘은 어떻게 구분되어지는가? 보편적인 인식의 구분은 아주 간단하다. 인문고전은 크게 인문학의 범주에 속한다. 인문학 중에서도 100년 이상 시대의 검증을 받은 작품을 인문고전이라고 한다. 인간에 관련된 학문(문학, 역사, 철학)과 예술 활동 중에서도 가히 시대를 뛰어넘는 천재들의 생각이 고스란히 담겨 있는 지혜의 보고가 인문고전이다.

방탄소년단(BTS) '페르소나'를 노래에 담다.

스위스의 정신과 의사이자 심리학자인 카를 구스타프 융은 "우리는 모두 가면을 쓰고 살아간다"고 했다. 한번 형성된 인격은 짧은 시간에 쉽게 변하지 않는다. 다만 주변 상황과 관계에서 가장 적절한 포장을 할 뿐이다. 이렇게 포장된 인격이 그 사람의 실체가 아님을 알아야 한다. 융은 외부로 나타나는 포장된 인격을 페르소나(persona)라고 했다. 페르소나는 원래 고전극에서 배우가 사용하는 '가면'을 말한다. 특정한 상황에서 실제 자신의 모습을 보호하기 위해 만들어 낸 가면이 '페르소나'라는 것이다. 이는 가면을 쓰는 사람과 가면을 쓴 사람을 보는 타자 역시 본질이 무엇이냐를 생각하게 한다. 이렇게 본질을 연결하는 생각을 해야 한다. 철학서를 읽어서 그대로 받아들이는 것이 중요한 게 아니라 나만의 생각으로 연결하는 과정이 필요하다. 즉 본질과 나만의 생각을 연결하는 독서, 그것이 '생각하는 인문고전 독서'의 핵심이다.

2019년 4월 12일 방탄소년단(BTS)은 〈영혼의 지도 : 페르소나〉라는 앨범을 발표했다. 팬들에게 '페르소나'라는 단어가 놀라운 속도로 전파되었고, 방탄소년단(BTS)의 뮤직비디오는 최단시간 1억뷰 달성이라는 엄청난 기적을 만들어 냈다. 이 앨범에 영감을 준 책《융의 영혼의 지도》는 세계적인 관심을 받으며 베스트셀러에 등극하기까지 했다. 인문고전에서 영감을 얻은 방탄소년단(BTS)의 앨범은 이번이 처음이 아니다. 2016년에는 헤르만 헤세의《데미안》으로 〈WINGS〉라는 노래와, 에리히 프롬의《사랑의 기술》에서 〈LOVE YOURSELF〉를 발표했다. 이 앨범을 발표한 2016년에 소설《데미안》은 10대와 20대가 가장 많이 읽은 소설로 뽑히기도 했다. 무엇이 이렇게 사람들을 열광하게 만드는가? 대답은 간단하다. 심오한 철학의 세계를 우리 일상으로 불러와서 같이 공감하고 느끼게 했기 때문이다. 방탄소년단은 우리가 페르소나(가면) 속에 있는 본질을 볼 수 있도록 노래했다.

이런 현상을 보면 지혜의 정점은 서로 통하는 게 있다는 생각이 든다. 끊임없이 세상에 나타난 문제의 본질을 보려고 노력하면 수천 년 지혜의 정점에 있던 철학자들과 연결되는 것이다.

고전 명작은 우리 삶의 간접 경험이다.

《살인자의 기억법》으로 유명한 작가 김영하는 〈알쓸신잡〉이라는 TV프로그램에 출연해서 무인도에 가게 된다면 톨스토이의 소설《안나 카레니나》를 가지고 가겠다고 했다. 이 소설은 1870년대 러시아 귀족 사회의 양상과 여성의 애정 심리를 밀도 있게 그린 세계적인 명작이다. 그런데 150년이 지난 지금도 명작은 우리에게 울림과 깨달음을 주고 있다. 작가 김영하는 이 소설을 선택한 이유가 기막힌 심리묘사와 생각하는 재미를 주기 때문이라고 했다. 단순히 재미로 읽는 것이 아니라 인간심리와 생각하는 법을 일깨워주기 때문에 읽는다는 것이다.

"행복한 가정은 모두 비슷하게 닮았지만 불행한 가정은 불행한 이유가 각각 다르다."

《안나 카레니나》의 첫 문장이다. 이 한 문장으로 톨스토이는 작품 전체를 설명하고 있다. 인생이 잘 풀리지 않을 때, 또는 정말 행복하다고 느낄 때 이 한 문장 속에 그 이치가 모두 담겨 있는 것이다. 이것이 인문고전의 생각하는 힘이다. 인간에 대한 이야기, 시공간을 뛰어넘어 진리와 같은 사람 사는 이야기, 그래서 더욱 생각하게 만드는 이야기가 고전 명작이다.

《안나 카레니나》는 총 14편의 영화로도 제작되었다. '안나 카레니나 법칙'이라는 말이 생길 정도로 우리 생활 깊숙이 살아 숨쉬고 있다. '성공한 사람은 모두 이유가 비슷하고 실패한 사람은 모두 제각각의 이유로 실패했다'라는 패러디가 유행하기도 했다. 여성의 심리묘사가 기가 막힐 정도로 섬세하고 공감을 불러일으켜서 각종 심리분석에 인용되기도 한다. 소설 속 '키티'라는 인물은 '안나'를 시기 질투하는 여성으로 묘사되고 있는데 그녀가 '안나'를 처음 본 순간을 이렇게 표현하고 있다.

'그녀는 뭔가 우리와는 동떨어진, 악마적 아름다움을 가지고 있어.'

'지나친 아름다움은 파괴적인 마력을 지니고 있어.'

'키티'의 이런 생각은 '안나'의 인생이 되어 버린다. 키티의 생각이 저주가 되어서인지 안나는 유부녀임에도 청년장교 브론스키를 사랑하게 된다. 나이 많은 남편의 무관심과 사랑에 굶주린 안나의 영혼은 브론스키에게 집착하게 되고 그 사랑이 허물어지면 자신도 허물어질 것이라고 생각한다. 그래서 자꾸 집착하며 매달리게 되고 내 곁에 있어 달라, 나만 바라봐달라고 조른다. 그런 집착은 결말이 뻔하다. 비극으로 끝나는 사랑인 것이다. 결국 안나는 브론스키와 처음 만났던 기차역에서 달려오는 기차에 몸을 던진다.

우리가 불행한 것은 제각각의 사정이 있다. 가난 때문에 불행하고, 건강 때문에 불행하고, 부부간의 애정 문제 때문에 불행하고…. 《안나 카레니나》는 내가 행복한지, 아니면 불행한지, 우리 자신을 돌아보게 한다. 그리고 그 이유를 찾게 만든다. 인생을 생각하게 하고 성찰하는 삶을 살게 이끌어준다. 우리가 인문고전 독서를 해야 하는 이유가 여기에 있다.

스티브잡스의 '기술과 인문학의 결합'이나 방탄소년단(BTS)의 〈영혼의 지도 : 페르소나〉는 인문고전의 힘을 보여주는 사례다. 딱딱하고 고

리타분하게 여겨지고 내 관심 밖에 있던 인문고전이 세상의 변화를 선도하고 있다. 결국 인문고전으로 부를 창출하기도 하고 사람들에게 꿈과 희망을 심어주기도 한다. 인생이 잘 풀리지 않는 것도 결국 인문적 소양이 부족해서 한계를 뛰어넘지 못하기 때문일 수도 있다. 그래서 생각의 한계를 무한대로 계속 확장시켜 나가야 한다. 그 도구로서 가장 적합한 것이 인문고전이다.《안나 카레니나》처럼 150년 전의 가정소설, 사회소설이 현재에도 공감대를 만들고 있다는 것은 '인간이 삶에서 느끼는 감정과 관계의 갈등은 근본적으로 변하지 않는다'라는 것을 보여준다. 아직 오지 않은 미래에 내가 겪게 될 갈등관계를 고전명작으로 간접경험을 할 수 있다면 우리의 삶이 보다 행복해질 수 있다. 이것이 인문고전의 힘이다. 지금 우리가 인문고전 독서를 해야 하는 절박한 이유이기도 하다.

지적대화를 위한 인문고전 활용 Tip 01

"TV드라마 〈부부의 세계〉로 전하는 지적인 충격대화법"

송 작가 얼마 전 TV드라마 〈부부의 세계〉가 엄청난 관심 속에 시청률 20%를 기록하는 등 화제가 되었는데요. 남편의 외도에 대해 아내 지선우(김희애 분)의 복수를 다룬 내용입니다. 여성분들이 통쾌한 대리만족으로 많은 공감을 형성할 수 있어서 인기가 많았던 모양입니다.

김 도사 네. 대단한 인기를 실감했는데요. 이 드라마는 2015년 영국 BBC1에서 방송한 〈닥터 포스터〉가 원작입니다. 남편의 외도를 알게 된 여의사 '포스터'의 복수 스릴러였죠. 그런데 이 스토리를 원작의 원작이라는 방식으로 추적을 하다보면 그리스 신화에 나오는 복수의 상징이며 마녀인 '메데이아'이야기까지 거슬러 올라가게 됩니다. 그리스 3대 비극작가로 알려져 있는 에우리피데스는 '메데이아'이야기를 작품으로 썼습니다. 핵심 스토리와 충격적인 대사를 소개해 드리겠습니다.

「메데이아는 콜키스 왕 아이에테스의 딸이다. 황금 양모를 구하는 이아손에게 반해서 이아손을 돕고 그와 결혼한다. 그 과정에서 아버지와 조국을 배신한다. 이아손을 잡으러 오는 아버지의 추격을 따돌리기 위해 남동생을 살해한 뒤 시신을 훼손해 바다에 유기하기도 한다. 남편 부모의 원수를 갚는 데도 일조하는 등 남편 이아손을 위해서라면 무슨 일이든 하는 여자다. 두 아이를 낳고 행복하게 사는 듯 했지만 불행의 그림자가 찾아온다. 남편 이아손은 그런 아내를 버리고 코린토스 크레온 왕의 딸 글라우케와 결혼하려고 한다. 이에 분노한 메데이아는 글라우케와 크레온 왕을 살해하고 자신의 두 아이마저 죽여서 남편에게 복수한다. 메데이아의 독백이다. "눈물을 흘리며 나는 내가 저지를 참혹한 일을 생각한다. 내 아이들을 죽여야만 하는 내 숙명이여. 이아손은 이제 내 몸으로 낳은 이 아이들을 살아 있는 모습으로는 결코 다시 보지 못하리라. 새 신부도 그에게 새 아이들을 낳아주지 못하리라. 그녀는 이제 곧 죽어야 할 목숨이니까."」

송 작가 네. 그리스 신화가 원작이었군요. 다시 TV드라마 〈부부의 세계〉로 돌아옵니다. 아내분들! 이 드라마를 보다가 옆에 있는 남편에게 "당신은 아니지? 걸리면 죽어!"라는 말 대신 그리스 신화, 복수의 상징인 '메데이아' 이야기를 해주면 어떨까요? 그것도 아주 지적으로 그리스 신화를 설명하면서 말이죠. 지적인 대화와 섬뜩한 충격요법까지, 이런 게 일석이조라는 생각이 듭니다.

02

성공한 0.1%는 왜 인문고전을 읽는가?

우리에게는 지금까지 존재하지 않았던 것을 꿈꾸는 사람들이 필요하다.

– 존 F. 케네디 –

0.1%의 비밀독서

"가난한 사람은 독서로 부자가 되고, 부자는 독서로 귀하게 된다."

이 말은 중국 북송대의 정치가 왕안석(1021~1086)이 학문을 권하는 글에서 독서의 중요성을 두고 한 말이다. 천 년 전의 이야기가 현재에도 적용되고 있다면 진리에 가깝다고 해야 할 것이다. 지금도 전 세계 부의 90% 이상을 차지하는 세계 인구의 0.1% 부자들은 독서를 통해 더욱 귀하게 되는 삶을 살고 있다. 이 0.1%의 부자들은 어떤 독서를 하고 있는가?

미국의 한 기자가 워렌 버핏과 빌 게이츠에게 한 가지 초능력을 가질 수 있다면 어떤 능력을 가지고 싶은지 질문을 했다. 그러자 둘 다 같은 대답을 했는데 "세상에서 가장 빨리 책을 읽을 수 있는 능력을 가지고 싶다"였다. 왕안석의 말처럼 책으로 부자가 되고 독서로 귀하게 되는 길을 알고 있어서일까? 세계 0.1% 부자들은 독서를 통해 그것도 인문고전 독서로 더욱 귀하게 되는 삶을 살고 있다.

뉴욕타임즈는 '성공한 CEO들의 비결은 다름 아닌 서재에 있다'라는 기사를 실은 적이 있다. 이 신문이 분석한 CEO들의 큰 특징은 경쟁 관련 주제보다 사고하는 방법을 알려주는 책을 더 좋아한다는 것이다.

《내 안에 잠든 거인을 깨워라》의 저자인 앤서니 라빈스는 그의 스승인 짐 론(Jim Rohn)이 한 다음의 말을 평생의 신조로 생각했다고 한다.

"밥을 거르는 한이 있어도 독서는 거르지 말게."

책에는 알찬 내용이 있고, 가치가 있으며, 도움이 되고, 매일 새로운 것을 가르쳐주니 독서가 식사보다 중요하다는 것이다. 그래서 그는 매일 30분 이상 책을 읽어야 한다는 생각에 사로잡힌다고 한다.

위대한 인문고전을 읽는 의의는 그 책의 작가처럼 생각한다는 데 있다. 영국의 보물 윌리엄 셰익스피어처럼 생각하기 위해 《햄릿》을 읽는다. 이탈리아의 마키아벨리처럼 생각하기 위해 《군주론》과 《로마사 논고》를 읽는다. 공자처럼 생각하기 위해 《논어》를 읽는다. 우리는 인문고전을 읽으면서 서서히 작가처럼 생각하는 경험을 하게 된다. 시대를 뛰어넘는 위대한 천재들의 생각을 따라하는 것이다. 이런 경험을 간접경험이라고 한다. 천재들의 생각이 내 생각 속으로 들어와서 겹쳐질 때 책을 덮고 난 뒤에도 오랫동안 마음에 남아 있게 된다. 이것이 바로 인문고전 독서의 힘이다. 우리가 책으로 지혜로워지고 싶어 하는 이유이기도 하다.

미국에서 '오마하의 현인'이라고 불리는 사람이 있다. 2010년 기준 〈포브스〉 선정 세계 부자 3위에 오른 인물이다. 그의 아버지는 증권 중개인이자 공화당 하원의원을 지냈다. 어릴 때 그의 별명은 '책벌레'였다. 10살 때 오마하 공공도서관에 있는 인문고전과 투자관련 책을 거의 다 읽었을 정도였다. 그의 이름은 투자의 귀재 워렌 버핏이다. 그는 '인문고전'이 가장 애독했던 책이라고 했다. 그리고 다른 사람보다 5배 이상 집중적으로 읽고 글을 써야 한 분야의 전문가가 될 수 있다고 했다. 워렌 버핏 회장은 신문이나 책, 보고서를 읽을 때 작은 숫자 하나도 정확하게 기억할 정도로 정독을 하기로 유명하다. 그가 주장하는 성공습관은 꾸준히 읽고, 쓰고, 배우고, 귀담아 듣고, 우선순위를 정해서 일을 처리하는 것이라고 한다.

빌 게이츠(1955~ , 마이크로소프트사 창업자)는 세계 최고의 부자이자 1만 4천여 권에 달하는 장서를 보유한 독서광이다. 그는 언론 인터뷰에서 "인문학이 없었다면 컴퓨터가 없었을 것이고, 당연히 나도 없었을 것이다"라고 말했다. 빌 게이츠도 인문고전에서 새로운 컴퓨터에 대한 아이디어를 얻었다. 심지어 회사가 시장독점 및 특허 소송 위기에 부딪혔을 때에도《손자병법》에서 그 해법을 구했다고 할 정도였다.

앤드루 카네기(1835~1919, 영국태생의 미국 실업가)는 성공하기 이전에 공장 노동자로 일하면서도 앤더슨 대령의 개인도서관에서 대출한 인문고전을 읽었다고 한다. 문학 동아리에 가입해서 독서토론을 했고, 신문에 글을 기고하기도 했다. 그는 평생 인문고전을 옆에 끼고 살았다고 한다. 그가 주로 애독했던 고전은 논어, 셰익스피어, 워즈워스, 루소, 월터스콧, 로버트 번스, 찰스 램 등의 책이었다. 그는 미국 전역에 도서관

2,500곳, 종합대학 12곳, 교회 5,000곳을 지었다. 성공하고 싶다면 세계 0.1% 부자들만큼 독서를 하고 있는지 조용히 성찰해볼 일이다.

왕안석의 권학문(勸學文)

우리나라에서도 인문고전 독서로 돈을 가장 빨리, 많이 번 사람이 있다. 바로 이병철(1910~1987) 삼성그룹 창업자와 정주영(1915~2001) 현대그룹 창업자이다. 이병철 회장은 일곱 살 때부터 열두 살 때까지 할아버지가 세운 〈문산정〉이라는 서당에서 동양고전을 공부했다. 그는 동양고전 중에서도 《논어》를 가장 애독한 것으로 유명하다. 그는 자서전에서 "가장 감명을 받은 책을 들라면 서슴지 않고 《논어》라고 말할 수밖에 없다. 나의 생각이나 생활이 《논어》의 세계에서 벗어나지 못한다 해도 오히려 만족한다"라고 할 정도로 삶의 지침으로 삼았다고 한다.

정주영 회장은 통천에서 태어났는데 소학교에 입학하기 전에 할아버지가 세운 서당에서 3년 동안 동양고전을 배웠다. 그는 후일 자서전에서 "그때 배운 한문 글귀들의 진정한 의미는 자라면서 깨달았다. 그 한문이 일생을 살아가는 데 있어서 내 지식 밑천의 큰 부분이 되었다"라고 했다. 인문고전이 경영분야에서 특히 진가를 발휘하는 것은 인간에 관한 최고의 지침서이기 때문이다. 그것도 수천 년 동안 각 시대의 리더들에게 읽혀지면서 철저하게 검증 받은 지침서다. 만약 당신이 이병철, 정주영보다 더 많은 인문고전 독서와 생각을 하게 된다면 당신은 어떤 모습으로 변할까? 분명한 것은 당신 삶이 지금과는 상당히 다르게 변할 것이라는 것이다. 당신이 어떤 분야에서 무슨 일을 하고 있더라도 그 분야에서 변화가 일어나기 시작할 것이다. 지금까지와 다른 생각을 하게 되는 뇌구조를 가지게 되는데 어떻게 변화가 없을 수 있겠는가?

'성공한 0.1%는 어떻게 되는가?'를 보여주는 시가 있다. 바로 왕안석의 '권학문(勸學文, 학문을 권하는 글)'이라는 시다. 이 시를 읽으면 '왜 인문고전을 읽어야 하는가?'를 생각해보게 된다.

책을 읽으면 비용이 들지 않고, 책을 읽으면 만 배의 이득이 생기네.
책은 관리가 되려는 사람의 재능을 밝혀 주고, 책은 군자의 지혜를 더하여 주네.
재력이 있으면 책을 꽂는 서재를 짓고, 여유가 없다면 책상이라도 갖추어야 하네.
창 앞에서 성현의 옛 책을 읽고, 등불 밑에서 책의 의미를 찾아보네.
가난한 자는 책 때문에 부유해지고, 부유한 사람은 책 때문에 귀해지며, 어리석은 자는 책으로 인해 어질어지고, 어진 사람은 책으로 인해 부귀를 얻네.
책을 읽어 영화 누리는 것은 보았지만, 책을 읽어 실패하는 것은 보지 못했네.
황금을 팔아 책을 사 독서하라! 책을 읽으면 황금은 쉽게 살 수 있네.
좋은 책은 참으로 만나기 어렵고, 좋은 책은 정말 얻기 어렵네.
받들어 권하노니 책 읽는 사람들이여, 좋은 책은 꼭 마음에 기억해 둘지어다.

〈황견 엮음, 이장우 · 우재호 · 장세후 옮김 『고문진보 (전집)』 중에서 45~47쪽〉

인문고전 독서의 목표는 '훌륭한 사람'이 되는 것이다. 이는 올바른 덕성과 가치관을 가진 사람이 되는 것이다. 그런 사람은 어떤 일을 하건 그 분야에서 지도자의 위치에 오를 확률이 99%이다. 실제로 그렇게 못하는 사람이 더 많기 때문이다.

세상에는 두 종류의 책이 있다. 수천 년 시대의 검증을 받고 이어져 온 고전과 시대의 검증에서 탈락하거나 검증 중에 있는 비고전이다. 성공한 0.1%의 선택은 검증된 인문고전이었다. 그렇다면 세상의 0.1% 부자는 인문고전을 읽어서 부자가 된 것인가? 아니면 0.1%이어서 인문고전을 읽는 것인가? 이 질문에 대한 가장 적절한 답은 왕안석의 '권학문(勸學文)'에서 찾을 수 있다. '가난한 자는 책 때문에 부유해지고, 부유한 사람은 책 때문에 귀해지며, 어리석은 자는 책으로 인해 어질어지고, 어진 사람은 책으로 인해 부귀를 얻네.'

지적대화를 위한 인문고전 활용 Tip **02**

"남자는 사냥꾼의 뇌, 여자는 파수꾼의 뇌"

송 작가 '코로나19'는 40~50대 부부에게 또 다른 위기를 초래했습니다. 전 국민이 '사회적 거리두기' 동참으로 인해 집에서 보내는 시간이 많아졌죠. 당연히 가족이 함께하는 시간이 늘어나면 더 행복해져야 하겠지만 가족을 챙겨야 할 시간도 함께 늘어난 아내 입장에서는 뿔이 날 일도 많아졌다는 겁니다. 아이들 학교 보내고 남편 출근 시킨 후 그나마 잠시 자기만의 시간을 가질 수 있었는데 그럴 여유가 없어졌죠. 남편과는 늘어난 시간을 어떻게 공유할지에 대해 새로운 습관이 필요하게 되었고 익숙하지 않은 일상이 새로운 갈등을 만들게 되었습니다.

김 도사 네. 공감합니다. 이럴 때일수록 부드럽고 지적인 대화가 필요한 시간인데요. 기본적으로 남자와 여자는 다른 뇌구조를 가지고 있다는 것만 인식해도 될 것 같아요. 남자와 여자는 근본적으로 대화에 사용하는 두뇌 패턴이 반대로 세팅되어 있습니다. 남자는 직설적인 표현으로 결과를 중시하는 사냥꾼의 뇌를, 여자는 간접화법과 반어법으로 과정을 중시하는 파수꾼의 뇌를 가지고 있어서 세상을 보는 관점이 매우 다릅니다. 그래서 동성 간의 대화에서는 생략해도 아주 쉽게 이해되는 말이 이성 간에는 전혀 다른 코드로 해석되어 오해를 부르기 쉽습니다.

송 작가 아, 원인이 거기에 있었군요. 부부간의 소통이 잘 안될 때는 "당신은 내 인생의 로또야, 참 안 맞아." 이런 농담보다 서로 다른 뇌구조에 대한 이야기를 해보면 어떨까요?

"여보, 예로부터 남자는 밖에 나가 사냥해서 가족의 생존을 책임져야 하는 사냥꾼같은 역할을 해왔대. 그래서 비바람 속에서도 짐승 발자국 소리만 골라서 들어야 했기 때문에 자기가 몰두하는 일이 아니면 귀담아 들을 수 없게 진화했다고 하네. 반면에 여자는 남자가 사냥을 나간 동안 집을 지키고 가꾸며 자식을 키우는 파수꾼 역할을 맡아왔다는 거야. 그래서 여러 가지 일이 동시에 벌어져도 신속하게 모두 해결해야 가정과 자식을 지킬 수 있었지. 결과적으로 남자와는 달리 많은 일을 한꺼번에 할 수 있도록 진화되었다고 그러더군."

이렇게 운을 떼면서 아내와 진심어린 대화를 이어가는 겁니다. 중간 중간에는 시시콜콜한 이야기라도 재밌게 말해준다면 코로나19로 바뀐 일상이 행복으로 채워질 거라 생각됩니다.

03

과거, 현재, 미래를 이어주는 인문고전의 힘

오늘의 나를 결정하는 것은 과거의 내가 아니라 미래의 내가 되어야 한다.

– 존 F. 케네디 –

역사 속 천재들과의 대화

"조국에 대한 나의 충성심과 공직자로서의 정직함은 내가 가진 가난으로 충분히 증명되고도 남는다."

이 말은 《군주론》의 저자인 마키아벨리가 '날개 꺾기'라는 고문을 여섯 차례나 당하면서 한 말로 유명하다. 그러나 그의 이 말은 고전을 인용한 것이었다. 마키아벨리가 고문을 받으면서 내뱉었던 이 말은 사실 소크라테스가 아테네 법정에서 자신의 무죄를 변론하면서 한 말이었다. 소크라테스는 아테네 시민의 무지를 일깨우는 등에(질병을 전파하는 파리과의 곤충) 역할을 했다는 죄목으로 사형선고를 받았다. 거짓말로 아테네의 젊은이들을 혼란에 빠뜨린다는 비난을 받았던 소크라테스는 "내가 진실을 말하고 있다는 것은 나의 가난이 증명하고 남는다"

고 외쳤던 것이다.

김상근 교수의 《세상에서 가장 위험한 현자 마키아벨리》라는 책에 보면 마키아벨리는 늘 인문고전에서 지혜의 도움을 구했다는 것을 알 수 있다. 그가 피렌체의 제2서기장으로 재직하면서 프랑스 출장 때는 카이사르의 《갈리아 원정기》를 읽었고, 체사레 보르자를 관찰할 때는 플루타코스의 《영웅전》을 읽었으며, 로마에서 교황의 권력이 율리우스 2세에게 극적으로 이양되는 것을 지켜보면서 리비우스의 《로마사》를 탐독했다. 이처럼 마키아벨리는 자기 주변에서 일어나고 있는 사건의 이면을 통찰하기 위해 고전에서 지혜를 얻었다.

고전을 읽으면 과거의 역사와 현재의 나를 연결시켜주는 공통점을 발견하게 된다. 그 공통점이 앞으로 내가 가야 할 길에 지혜를 제공해주는 길잡이가 되는 것이다.

오늘날 우리는 인터넷을 통해 지식을 점점 더 쉽게 획득하는 시대에 살고 있다. 하지만 우리에게 필요한 공부는 이른바 손쉽게 정보를 습득하는 '객관적인 지식'이 아니라 독립적인 사고와 판단 능력을 기르는 것이다. 위키피디아(Wikipedia)와 온라인 백과사전 시티즌디움(Citizendium)의 창시자인 래리 생어(Larry Sanger)는 《인터넷은 우리의 앎과 생각을 어떻게 변화시키고 있는가(How the Internet is Change What We (Think We) Know)》라는 연설문에서 다음과 같이 말했다.

"뛰어난 검색엔진은 점을 치는 신탁과 같다. 당신이 무엇을 물어보든 관계없이 항상 답이 있다. 그러나 어떤 답은 당신이 스스로 찾아야 한다.

정보와 지식은 서로 다른 것이다. 우리는 인터넷에서 쉽게 정보를 얻을 수 있지만, 지식을 습득하는 것은 전혀 별개의 일이다."

과거 인쇄술이 발달하지 않았던 시대에는 책 한 권을 구하기 위해 수십일이 걸리기도 했다. 인쇄술이 발달하면서 책이 대량 보급되는 시대를 거쳐 이제는 인터넷에서 검색어만 입력하면 원하는 정보를 손쉽게 얻을 수 있게 되었다. 젊은 학생들이 백발의 위대한 학자들의 지식수준을 뛰어넘기도 어렵지 않다. 이렇게 얻어진 그들의 지성이 백발의 학자들과 동등한 수준의 성장을 이루었다고 할 수 있을까? 지식은 지성과 다르다. 단순한 정보의 취합으로 만들어진 지식은 생각하고 성찰하면서 얻은 지혜의 영역과는 구별되어진다. 여러분은 지금 지식을 쌓고 있는가? 지혜를 쌓고 있는가? 그것은 생각하는 인문고전 독서를 하느냐, 얕은 지식만 주입하는 단순한 책읽기만 하고 있느냐로 판단할 수 있다. 고전을 통해 과거와 현재와 미래를 연결하는 생각을 할 수 있어야 나의 생각을 지혜의 영역으로 옮길 수 있게 된다.

19세기 카라마조프가의 형제들에서 오늘을 연결하다.

과거와 현재와 미래를 어떻게 연결할 것인가? 고전명작 소설을 통해 살펴보자. 송정림 작가의《명작에게 길을 묻다》라는 책에 보면 고전명작을 현재의 관점에서 해석하는 내용이 있다. 명작을 읽고 작가의 생각을 우리 삶과 연결해서 풀어놓은 것이 매우 인상적이다. 그 중 도스토예프스키의《카라마조프가의 형제들》이라는 명작고전을 소개한다.

「도스토예프스키의 《카라마조프가의 형제들》이라는 소설은 '네 종류의 인간군상'을 보여준다. 이야기는 1860년대 러시아의 지방 도시에 사는 벼락부자 카라마조프가(家)의 사람들을 둘러싸고 전개된다. 외면적으로는 표도르의 살해 사건이 펼쳐지지만 알료샤와 조시마 장로와 이반 사이에 벌이는 사상의 투쟁, 기독교와 무신론의 투쟁이 소설 속에서 치열하게 전개된다. 카라마조프 집안의 아버지 표도르는 19세기 러시아의 소지주이자 전형적인 벼락부자형 인물이다. 음탕하고 교활한 욕정의 화신이다. 성욕과 식욕을 위해서라면 그토록 아끼는 돈도 기꺼이 쓴다. 그에게는 네 명의 아들이 있었는데, 장남 드미트리, 차남 이반과 셋째 아들 알료샤는 두 명의 아내에게서 태어났고, 막내 스메르자코프는 하녀인 백치 여인과의 내연 관계에서 태어났다.(중략) 이렇게 카라마조프가의 가족들이 등장하고 거기에 카테리나와 그루센카, 두 여성이 등장한다. 두 여성을 둘러싸고 애욕의 싸움이 벌어지는 가운데 아버지 표도르가 살해되는 사건이 일어난다. 그러면서 소설은 범인을 뒤쫓는 구성으로 숨 가쁘게 펼쳐진다.(중략) 소설의 마지막은 자신에게 돌을 던졌던 소년의 장례식에 참석한 알료샤가 그의 주변을 둘러싼 소년들에게 말하는 것으로 장식된다.

"인생을 두려워해서는 안 됩니다. 정직하고 좋은 일을 하면 인생이 얼마나 아름다운지 몰라요. 선량하고 정직하고 순수한 마음……. 결코 그걸 잊어서는 안 되겠지요."

사랑과 증오, 선과 악, 고결함과 욕망 사이. 그 사이에서 갈등하는 모순과 혼돈. 과연 19세기 러시아, 그 한 가정만의 이야기일까? 사랑과 증오가 싸우고 고결과 욕망이 다투고 인내와 포기가 다투고 낙관과 비관이 싸우는 전쟁터가 바로 우리 마음이다. 마음이 행하는 것은 곧 몸이 행하는 것이다. 그러니 마음으로 짓는 죄도 죄이다. 누군가를 증오하는 것도 죄이고, 누군가를 멸시하는 것도 죄이고, 누군가를 용서하지 못하는 것도 죄이다.」

송정림 작가는 이 소설을 19세기의 특정한 사건을 기준으로 인식하는 데 그치지 않고 현재의 가정과 연결해서 바라보았다. 인문고전은 인간에 대한 이야기다. 그래서 과거와 현재를 연결할 수 있다. 이것이 인문고전에서 우리가 깨달음을 얻고 현재의 내 삶에 적용할 수 있는 힘이 되는 것이다.

'요즘 것들'의 기원

경향신문 양권모 논설실장은 〈'요즘 것들' 1990년대 생〉이라는 사설에서 과거와 현재, 미래를 통찰하는 내용의 글을 실었다.

「1만5000여 년 전 알타미라 동굴의 벽화에는 '요즘 것들'의 버릇없음을 탄식하는 내용이 나온다고 한다. 기원전 1700년 수메르의 점토판에도 '요즘 애들'을 나무라는 폭풍 잔소리가 발견되었다. 새로운 세대에 대한 이해와 공감은 역사 이래 인류가 고민해온 숙제일 터이다.

(다음은 양권모 논설실장의 TV광고 내용을 인용한 것이다.)

「수고했으니 저녁이라도 함께 하려는 상사에게 막내 사원은 "내일 뵙겠습니다" 라고 선수를 친다. 그는 이미 검도복으로 갈아입고 준비한 상태다. 야근하려는 팀장이 "저녁 뭐 시켜줄까?"라고 말한다. 팀장은

"라떼는 말이야"라는 아재 개그로 쑥스러움을 모면하려 하지만 억지웃음을 유발할 뿐이다. "나 때는 말이야"라는 습관적인 말을 부끄럽게 하는 상업광고의 장면들이다. 이제 사회 주축으로 진입하고 있는 1990년대 생은 이전 세대보다 부유하지 못한 첫 세대로 꼽힌다. 팽창사회를 경험한 기성세대가 수축사회에서 태어나 자란 이들 세대를 자신의 기준으로 바라보면 진짜 꼰대가 된다. (중략) 문재인 대통령이《90년생이 온다》라는 책을 청와대 전 직원에게 선물했다고 한다. "새로운 세대를 알아야 미래를 준비할 수 있다. 누구나 경험한 젊은 시절, 그러나 지금 우리는 20대를 얼마나 알고 있을까요?"라는 글을 적어 책을 전했다고 한다. 다 함께 20대들이 역사적 '별종'이 아닌 이 시대의 '요즘 것들'임을 공유하자는 취지일 터이다.」

국가 정책을 입안하는 위정자들도 과거와 현재, 미래를 통찰하기 위해 노력한다. 과거를 통해 현재를 보는 눈을 가지기 위해 가장 좋은 수단은 무엇일까? 단연 인문고전이라고 할 수 있다. 수천 년 시대의 리더들로부터 검증을 받은 지혜이기 때문이다. 1만5000여 년 전의 알타미라 동굴벽화, 기원전 1700년의 수메르인 점토, 요즘 신세대 직장인 이야기에서 공통점을 도출할 수 있는 이유는 한가지다. 바로 인간에 대한 이야기, 삶에 대한 이야기이기 때문이다.

우리는 인문고전을 통해 과거와 현재를 연결하고 미래를 통찰할 수 있다. 속담에 '맹인이 맹인을 따라가면 구덩이에 빠질 수밖에 없다'라는 말이 있다. 살면서 지혜를 가장한 낮은 수준의 책을 만나면 결국 맹인이 맹인을 만나는 것과 같다. 우리는 하루에도 수백 권의 신간이 쏟아져 나오는 출판의 홍수시대에 살고 있다. 정말 좋은 책을 어떻게 만날 수 있을까? 의외로 정답은 간단하다. 수천 년 전해져온 지혜, 인문고전을 읽는 것이다. 과거와 현재, 미래를 이어주는 지혜가 그 속에 담겨져 있기 때문이다.

지적대화를 위한 인문고전 활용 Tip 03

"입은 곧 재앙의 문이다. 구시화문(口是禍門)"

'세치 혀가 사람 잡는다'라는 속담이 있습니다. 세치 혀는 글자 그대로 10㎝도 안 되지만 말을 잘못하면 다른 사람은 물론이고 자신을 죽일 수도 있다는 말입니다. 그래서 지적인 대화가 필요하죠.

중국 당나라에 풍도라는 사람이 있었습니다. 그는 882년 당나라 말기 하북성 헌현의 평범한 가정에서 태어났습니다. 어릴 때부터 책과 글을 좋아하고 문학적 재능이 뛰어나 미래가 촉망되는 인재라는 말을 들었습니다. 그는 당나라 말기 5대 10국이 교체되는 혼란기에 다섯 왕조, 여덟 성씨, 열한 명의 천자를 섬기며 무려 50여 년이나 고위 관직에 있었습니다. 그리고 천수를 누리며 73세에 죽었는데요 그야말로 전무후무한 처세의 달인이라고 할 수 있죠. 그런 풍도가 자신의 처세관을 남겼는데 그 중 하나가 '구시화문(口是禍門)' 이라는 말입니다. '입은 곧 재앙의 문'이라는 뜻이죠. 항상 말을 조심하라는 뜻입니다. 모든 흉복은 항상 말에서 비롯됨을 잊지 말아야 합니다.

호메로스의 《오디세이아》에서도 '입이 곧 재앙의 문'이라는 이야기가 나옵니다. 오디세우스 일행이 거인국의 외눈박이 키클롭스에게 사로잡혔다가 포도주를 먹여 취하게 한 다음 키클롭스의 눈을 멀게 하고 탈출하는 장면입니다. 처음에는 오디세우스가 재치 있게 말합니다. 거인 키클롭스가 그의 이름을 묻자 '우테이스(영어로는 nobody)'라고 말합니다. 나중에 동굴에서 탈출할 때 눈을 잃은 키클롭스가 주변에 있던 친구들의 도움을 요청하는데 누가 그랬냐는 질문에 우테이스(nobody)가 그랬다고 하자 거인 친구들은 '아무도 안 그랬다'고 이해하고 그냥 돌아갑니다. 오디세우스가 위기를 모면하게 만드는 말이었죠. 하지만 배를 타고 탈출하면서 오디세우스는 자만심에 재앙을 부르는 말을 합니다.

"키클롭스여, 누군가 그렇게 몰골이 사납게 눈이 먼 까닭을 묻거들랑, 도시를 무너뜨리는 오디세우스, 라에르테스의 아들로 이타카 섬에 살고 있는 그 사람 때문에 장님이 되었노라고 하란 말이다." 그러자 거인 키클롭스는 자신의 아버지인 바다의 신 포세이돈에게 기도를 합니다. "아버지여, 오디세우스가 자기 나라로 돌아가지 못하도록 해 주십시오. 하다못해 늦게라도, 지독한 고생을 겪고서 돌아가도록, 그의 일행을 모두 잃어버리고 다른 나라의 배를 타고 돌아가도록 해 주십시오. 집에 도착해서도 귀찮은 일들이 벌어지도록 해주소서."

오디세우스는 자신의 이름과 고향을 말해버렸습니다. 그리고 외눈박이 거인 키클롭스의 기도를 바다의 신 포세이돈이 들어주게 되죠. 이후 10년간 오디세우스는 바다를 떠돌다가 천신만고 끝에 겨우 고향에 도착하게 되고 고향에서는 구혼자들을 제거해야 하는 싸움에 처하게 됩니다.

우리 속담에도 '말이 씨가 된다'라는 말이 있습니다. 말을 함부로 하는 사람이나 혹은 자신이 경솔하게 말하는 습관이 있다면 당나라 풍도의 이야기와 오디세우스의 이야기를 들려주면 어떨까요? 입이 재앙의 문이라는 말과 함께 지적인 대화를 해야 하는 이유를 곁들인다면 금상첨화(錦上添花)겠지요.

04

인문고전으로 세상과 인생의 이치를 깨달아라

우리의 운명은 겨울철 과일나무와 같다. 그 나뭇가지에 다시 푸른 잎이 나고 꽃이 필 것 같지 않아도 우리는 그것을 꿈꾸고 그렇게 될 것을 잘 알고 있다.

– 요한 볼프강 괴테 –

세상의 이치를 깨닫게 해주는 고전

다음 문장들은 마키아벨리의 《군주론》에 나오는 '이익을 추구하는 인간 본성의 냉정한 통찰'을 담은 표현이다.

"인간들이란 다정하게 대해주거나 아니면 아주 짓밟아 뭉개버려야 한다는 것입니다. 왜냐하면 인간이란 사소한 피해에 대해서는 보복하려고 들지만, 엄청난 피해에 대해서는 감히 복수할 엄두조차 내지 못하기 때문입니다."

"가해행위는 모두 일거에 저질러야 하며, 그래야 그 맛을 덜 느끼므로 반감과 분노를 작게 일으킵니다. 반면에 은혜는 조금씩 베풀어야 하며 그래야 그 맛을 더 많이 느끼게 됩니다."

"인간이란 박해를 예상했던 사람으로부터 은혜를 받게 되면 시혜자에게 더욱 애정을 느끼기 마련입니다."

"모든 인간의 행동에 관해서, 특히 직접 설명을 들을 기회가 없는 군주의 행동에 관해서 보통 인간들은 결과에만 주목합니다. 왜냐하면 보통 사람들은 외양과 결과에 감명을 받기 때문입니다."

"인간이란 너무 자기 자신과 자신의 활동에 만족하고 자기기만에 쉽게 빠지므로, 아첨이라는 질병으로부터 자신을 보호하기란 지극히 어렵습니다."

동양에서도《한비자》에 보면 인간 본성에 관한 통찰이 잘 표현되어 있다.

"수레를 만드는 여인은 사람이 모두 부귀해지기를 바라고 관을 짜는 장인은 사람이 일찍 죽기만을 기다린다. 이는 여인이 더 선하고 장인이 더 악해서가 아니다. 사람이 부귀해지지 않으면 수레가 안 팔리고 이와 반대로 사람이 죽지 않으면 관이 팔려나가지 않는다. 정녕 사람이 미워서가 아니라 사람이 죽는 데 이득이 있기 때문이다."

"이익이 있는 곳에 백성이 모여들고 명성이 드러나는 곳에서 선비가 목숨을 버린다."

"유능한 자를 골라서 등용하면 신하가 유능한 것을 빙자하여 그 군주를 밀어붙이려 하고 아무렇게나 등용하면 일이 정체되어 어찌할 수 없게 된다."

《군주론》과《한비자》에서는 이러한 인간본성을 기초로 군주가 나라를 어떻게 다스려야 하는지 제시하고 있다.《군주론》은 피렌체 공화정

제2서기장을 역임했던 마키아벨리가 당시 이탈리아의 상황을 개관하면서 강력한 군주가 어떻게 통치해야 하는가를 설명한다. 《한비자》는 춘추전국시대라는 난세에 중국의 역사적 사실과 주변국의 정세를 논하면서 강력한 군주권 확립을 주장하는 내용이다. 두 책은 인문고전에서 절대 권력의 통치를 위한 철학과 기술을 담고 있는 책으로 평가받고 있다.

세상과 인생의 이치를 깨닫는 방법에는 두 가지가 있다. 직접경험에 의한 것과 책이나 조언, 기타 수단을 통한 간접경험에 의한 것이다. 모든 것을 직접경험으로 깨닫는다면 가장 확실한 방법이 되겠지만 그 많은 경험을 하기는 어렵다. 그래서 간접경험의 영역이 확대되면 될수록 인생을 보다 지혜롭게 살 수 있는 것이다. 만약 《군주론》과 《한비자》를 읽고 간접경험을 쌓고자 한다면 어떻게 읽어야 할까? 절대 권력의 통치를 위한 기술을 배우는 의미보다는 주도적으로 자신을 관리하면서 삶을 개척하는 '인생경영' 관점에서 읽어야 할 것이다.

인생의 이치를 깨닫게 해주는 고전

'이솝우화의 여우와 신포도 이야기에서 여우가 맛있는 포도를 보고 손을 뻗어 따려고 했지만 아무리 애를 써도 딸 수가 없었다. 결국 여우는 포기하면서 '이 포도는 엄청 신 게 분명해. 이런 걸 누가 먹겠어!'라며 돌아선다.'

'니체는 르상티망을 약자의 강자에 대한 질투, 원한, 증오, 열등감 등이 뒤섞인 감정이라고 보았다. 이 르상티망으로 인해 인간은 본래의 인식능력과 판단 능력이 왜곡될 가능성이 있다고 말했다'

자존감이 바닥이라고 생각할 때 이 르상티망이 자주 등장하게 된다.

여우의 신포도 이야기도 마찬가지다. 질투, 원한, 증오, 열등감을 하나하나 손에 꼽아가며 자신을 파괴하고 있는데도 정작 자신은 자기합리화에 빠져들고 있는 것을 모른다. 니체는 이 상태를 르상티망이라고 했다. 여기에 빠져 있으면 상황 인식과 판단, 가치관이 흐려진다. 그래서 자신을 들여다보는 과정이 필요하다고 했다. 우리가 인문고전을 읽는 이유가 여기에 있다.

이솝은 오래전 그리스에서 살았던 노예 신분의 인물이었다. 그의《이솝우화》는 귀족과 노예의 인간본성을 잘 보여주는 이야기들로 가득 차 있다. 인간을 동물에 비유해서 읽는 이로 하여금 깨달음을 준다. 인간의 다양한 심리분석과 철학을 담고 있는 것이다. 다음의 이야기에서는 어떤 인생의 이치를 깨달을 수 있는지 생각해보기 바란다.

"두 마리 수탉이 암탉 한 마리를 사이에 두고 다툼을 벌인 결과 승자가 정해졌다. 호되게 당한 수탉은 캄캄한 구석으로 밀려나 버렸고, 승리한 수탉은 높은 담 위에 올라가 목청껏 '꼬끼오'를 외쳤다. 바로 그때 독수리 한 마리가 나타났고, 독수리는 날쌔게 담 위의 수탉을 낚아채갔다."

수탉의 인생이 곧 우리의 인생이다. 한 순간의 승리와 기쁨에 도취해서 위험을 감지하지 못한다. 뛰는 놈 위에 나는 놈이 있고, 나는 놈 위에 로켓을 타는 놈이 있다. 먹이사슬 구조가 엄연히 존재하는데도 한 치 앞만 보고 사는 게 인생이다. 그래서 '수탉 이야기'는 잘났다고 자랑질 하지 말고 늘 겸손해야 한다는 인생의 이치를 깨닫게 해준다.

노자의 《도덕경》에는 인생의 이치를 잘 나타내는 이야기들이 많이 있다. 그 중에서 어떤 자세로 인생을 살아야 하는지에 대한 이야기가 있어서 소개한다.(《도덕경》, 장석만 옮김, 돋을새김, 2017. p.161~163에서 인용)

태어나고 죽는 데 있어
생명의 무리는 열에 셋이고 죽음의 무리도 열에 셋이며
살려고 하지만 죽음으로 가는 자도 열에 셋이다.
왜 그런가? 살고 또 살려고만 하기 때문이다.
듣건대 섭생을 잘 하는 사람은
길에서도 코뿔소나 호랑이를 만나지 않고
군대에 가서도 무기로부터 피해를 입지 않는다.
코뿔소는 그 뿔로 받을 곳이 없고
호랑이는 그 발톱으로 할퀼 곳이 없으며
무기가 파고들 곳이 없다.
왜 그런가? 그에게는 죽을 자리가 없기 때문이다.

세상에 태어나 자신에게 주어진 수명대로 살 수 있는 사람은 열 명 중 세 명이고 제명대로 살지 못하고 죽는 사람도 열 명 중 세 명이다. 살기 위해 온갖 노력을 다하지만 도리어 죽음의 길로 들어서는 사람도 열 명 중 셋이다. 이것은 무슨 까닭일까? 욕심을 내고 사치를 부리며 잘 살아보려고 지나치게 집착하기 때문이다. 듣건대 자기 몸과 마음을 잘 다스리는 사람은 어디를 다닌다 해도 코뿔소나 호랑이로부터 공격을 당하지 않는다. 군대에 들어가 전쟁에 참여해도 무기에 찔려 상처를 입거나 죽지 않는다. 코뿔소는 사납지만 그런 사람에게 자기 뿔을 들이밀 수가 없고 호랑이 역시 사납지만 그런 사람에게 발톱을 쓸 수가 없다. 무기가 비록 날카롭지만 그런 사람에게 칼날을 내리칠 수가 없다. 이것은 또 무슨 까닭일까? 자기 몸과 마음을 잘 다스리는 사람은 죽음을 의식하지 않기 때문이다. 전쟁에 나간 장수가 자기만은 살아야겠다고 한다면 도리어 전쟁에도 패하고 죽음으로 내몰리게 되는 것과 같다.

삶과 죽음에 매달리지 않고, 자연의 이치에 따라 욕심을 부리지 않는다면 주어진 삶을 마음껏 누리고 살 수 있다. 생사를 뛰어넘어 오직 자연의 법도를 따르고 지킨다면 오히려 평안하게 살 수 있는 것이다.

지적대화를 위한 인문고전 활용 Tip 04

"소통의 원칙과 상대성 이론"

송 작가 우리 속담에 '가는 말이 고와야 오는 말이 곱다'라는 말이 있습니다. 제가 초등학교 때 친구랑 말싸움을 하면서 이 말을 인용한 적이 있는데요. 그만 거꾸로 말하는 바람에 오히려 더 큰 놀림을 당한 기억이 있습니다. '오는 말이 고와야 가는 말이 곱지'라고 했던 거죠. 당연히 내가 기준이 되어서 나에게 오는 말이 곱지 않았으니까 내가 하는 말도 곱지 않다고 생각해서 말했던 건데 그 친구가 거꾸로 말했다며 "그것도 모르냐?"라며 놀린 거죠. 순간 주변에 있던 친구들은 잠시 어떤 말이 맞는지 생각하다가 그냥 제가 틀렸다는 데 손을 들더라고요.

김 도사 어린 송 작가님이 꼭 틀린 말을 한 것도 아닙니다. 아리스토텔레스에 따르면 소통은 '발신자 → 메시지 → 수신자'라는 경로를 거친다고 합니다. 그런데 제가 생각하기에 제대로 소통하기 위해서는 '수신자 → 메시지 → 발신자'의 경로가 되어야 합니다. 발신자가 하고 싶은 말만 하면 제대로 된 소통이 이루어지지 않습니다. 수신자가 무엇을 원하는지 알아야 소통이 쉬워진다는 의미죠. 인간관계의 본질도 상대방을 이해하는 것부터 시작됩니다. 우리가 속한 조직에서 부장, 이사, 부사장, 사장, 회장의 위치에 있는 사람들은 의외로 '꽤 인간적으로 제대로 된 사람이 많구나!'라고 느낄 때가 있으실 겁니다. 조직의 위로 올라갈 수 있었다는 것은 소통의 원칙을 잘 지킨 결과라고 할 수 있지요.

송 작가 결국 상대를 배려하는 마음에서 소통이 시작되어야 한다는 말씀이군요. 그렇다면 상대방의 생각을 신경 쓰지 않고 항상 자기 하고 싶은 말만 하는 이기적인 친구에게 깨우침을 줄 수 있는 말씀을 하나 해 주시죠.

김 도사 아인슈타인의 상대성 이론 설명 사례가 적절할 것 같군요. 아인슈타인이 한 친구로부터 상대성이론에 대한 질문을 받고 이렇게 말했다고 합니다.

"여보게 친구, 시간의 길이가 모두 같다고 생각할 수 있겠지만 본질은 상대적인 것이라네. 예를 들어 사랑하는 연인과의 5분은 정말 빠르게 지나가지. 그런데 끓는 물에 손을 담그고 5분을 보낸다고 생각해 보게. 그 5분은 얼마나 고통스럽고 길게 느껴지겠는가 말이지."

그리고 계속 자기말만 하는 그 친구에게 말하는 거죠. 지금 나는 끓는 물에 손을 담그고 있는 것 같다고 말이죠. 이렇게 생각하게 만드는 말이 지적으로 대화하는 방법입니다.

송 작가 그렇군요. 단순히 "넌 너무 말이 많아", "그만 좀 말해. 다른 사람도 이야기할 시간을 줘야지." 이런 식으로 말한다면 갈등만 부추기게 되겠죠. 결국 '가는 말이 고와야 오는 말이 곱다'며 싸울 거고요. 상대방을 배려하는 마음과 상대성 이론을 예를 들어 말하면 대화의 흐름도 품격이 있어질 것 같군요. 여러분도 한 번 활용해 보시기 바랍니다.

05
먹고 산다는 것과 자유롭게 산다는 것의 차이

지금까지도 그래왔고 앞으로도 항상 지키려고 노력하는
결심 한 가지는 바로 소소한 일에 대해 초연해지는 것이다.

– 존 버로스 –

먹고 살기와 자유롭게 살기, 당신의 선택은?

한 직장인이 회사 옥상에서 담배를 피운다. 어깨는 축 처져 있고 눈에는 금방이라도 쏟아질 것 같은 눈물을 머금고 있다. 뿜어내는 담배연기에 한숨이 90이고 분노가 10이다.

"먹고 살자면 참아야지 별 수 있어?"

"그래 맞다. 목구멍이 포도청이다. 이놈의 회사 당장이라도 때려치우고 싶은 생각이 하루에도 열두 번은 더 든다. 그래도 먹고 살려면 어쩔 수 없지."

김 대리는 언제부터인가 먹고 산다는 것과 자유롭게 산다는 것의 차이를 느끼기 시작했다. 먹고 살기 위해서 자유를 제한해야 하는 현실을 비판적으로 바라보기 시작한 것이다. 직장인들의 로망, 롤 모델로 삶고 싶어 하는 소설속의 주인공이 있다. 바로 니코스 카잔차키스의《그리스인 조르바》에 나오는 '조르바'이다. 그는 자유로운 영혼의 대명사이다. 모든 남성들이 살고 싶은 삶의 패턴을 가지고 있다. 남자들은 왜 그토록 자유롭고 싶으면서도 스스로 자유를 제한하는 삶을 살고 있는가? 그래서 먹고 산다는 것과 자유롭게 산다는 것의 차이를 연구하기 시작했다. 그 과정에서 18세기 프랑스 철학자 장 자크 루소를 만났다. 루소는《인간불평등의 기원론》에서 먹고 사는 것과 자유에 대해 상반된 가치라는 화두를 던진다. 김 대리는 결국 일을 하는 것과 자유롭게 사는 것의 조율을 지혜롭게 정리한다.

우리의 직장생활도 김 대리의 일상과 별반 다르지 않다. 경제활동과 자유 사이에서 언제나 갈등하고 어떻게 사는 것이 잘 사는 것인지 늘 고민한다. 이때 우리의 가치관 형성에 도움을 주는 것이 철학이다. 그래서 철학을 공부하면 인생을 바라보는 눈이 달라진다. 다음의 이야기를 읽고 나는 어떤 선택을 할 것인지 생각해 보기 바란다.

산을 뛰어다니던 야생 나귀가 우연히 어느 부잣집 마당을 바라보았는데 집 나귀 한 마리가 먹음직스러운 콩이 가득 담긴 여물통을 옆에 두고 한가로이 누워서 햇볕을 쬐고 있었다. 야생 나귀는 '풍족한 음식과 평화로운 휴식, 아! 부럽다'라고 생각했다. 그러나 나중에 집 나귀의 등에 올려진 무거운 짐과 마부의 채찍을 보고는 생각이 바뀌었다. '이제 난 자네를 부

러워하지 않겠네. 자넨 풍족한 음식을 얻기 위해 값비싼 대가를 치르고 있다는 사실을 알게 되었거든.'

야생 나귀와 집 나귀를 통해 인간의 삶을 통찰한 멋진 우화다. 야생 나귀는 항상 먹이를 찾아야 한다는 고민이 있지만 자유롭게 산다. 반면에 집 나귀는 주인이 주는 먹이가 있어서 먹을 걱정을 하지는 않지만 채찍과 무거운 짐이라는 대가를 치러야 한다. 먹고 산다는 것과 자유롭게 산다는 것의 차이를 단적으로 보여주고 있다. 수많은 직장인들이 먹고 살기 위해 회사에 출근한다. 일은 고되고 상사에게 스트레스를 받지만 먹고 살기 위해 어쩔 수 없다며 감수한다. 하지만 머릿속에는 늘 사표를 던지고 자유롭게 살기를 갈망한다. 예나 지금이나, 우화나 인간사나 사는 모습은 비슷하다.

자유를 선택한 철학자는 행복한 삶을 살았을까?

가난하지만 부끄러움이 없는 자족생활을 실천한 철학자가 있다. 개처럼 산다고 해서 견유 철학자로 불리는 디오게네스(BC400?~BC323, 그리스 철학자)이다. 다음의 일화들은 먹고 산다는 것과 자유롭게 산다는 것에 대해 생각을 하게 만드는 이야기다.

디오게네스가 일광욕을 하고 있을 때 알렉산드로스 대왕이 찾아와 곁에 서서 소원을 물었더니, 아무것도 필요 없으니 햇빛을 가리지 말고 그곳을 비켜 달라고 하였다는 일화다. 알렉산드로스 대왕은 "내가 알렉산드로스 대왕이 아니었더라면 디오게네스가 되기를 바랐을 것이다"라고 말했

다고 한다.

또 다른 일화는 그의 자유로운 삶을 잘 나타내주고 있다.

개처럼 통 속에서 지내며 자유롭게 살아가는 디오게네스에게는 왕궁에 들어가서 호의호식하는 아리스토포스라는 철학자 친구가 있었다. 아리스토포스가 지나가다 그를 보았는데 마침 그가 콩깍지를 먹는 중이었던 모양이다. 그 모양을 보고는 아리스토포스가 혀를 차며 말했다.
"쯧쯧, 왕한테 와서 고개를 숙일 줄 알면 콩깍지를 먹지 않아도 될 텐데…."
그 소리를 듣고는 디오게네스가 말했다.
"콩깍지를 먹을 줄 알면 왕 앞에서 굽실거리며 살지 않아도 될 텐데…."

디오게네스에게 중요한 것은 자유였다. 아리스토포스에게 중요한 것은 밥이었다. 원시시대 미개인들은 소유 관념이 없었기에 그야말로 자유롭게 살아갔다. 소유가 무엇인지 알고 당연하게 여기는 문명인들은 자신의 자유를 팔아 더 많은 것을 소유하기 위해 살아간다. 현재를 살고 있는 우리는 과연 어떤 삶의 철학을 가져야 하는가?

시대의 현명한 선택을 하라.
《이솝우화》에 '집 지키는 개' 이야기가 있다. 자유와 밥의 문제를 생각해 보기 바란다.

어느 날 밤 굶주린 늑대가 살이 찐 개와 마주쳤다.

늑대는 매일 끼니 걱정을 하는 자신의 신세를 한탄하며 개에게 편안하게 잘 먹고 살 방법을 알려달라고 부탁했다.

"그건 쉬운 일이야. 내가 하는 것처럼 하면 돼."

개의 이야기에 관심이 생긴 늑대가 방법을 자세하게 물었다.

"아주 간단한데, 주인집을 지켜주면서 도둑을 잡아주는 거야."

배고픈 야생 생활에 지친 늑대는 개의 이야기에 빠져들었다. 그런데 개의 목덜미에 상처가 있는 것을 발견하고는 물었다.

"목에 난 그 상처는 뭐니?"

"이건 쇠사슬 때문이야. 지금은 풀어져 있지만 평소엔 쇠사슬에 묶여 있어야 하거든. 하지만 주인이 내게 먹을 것을 남겨주고 날 귀여워해주니까 괜찮아."

이야기를 들은 늑대는 섬뜩한 생각이 들었다.

"아무래도 난 안 되겠어. 맛있는 음식은 자네 혼자 먹게나. 나는 맛있는 음식을 먹으며 쇠사슬에 묶여 있기보다 거친 음식을 먹더라도 자유롭게 돌아다니는 쪽을 택하겠어."

개가 자유를 잃었고 늑대는 자유를 얻었다고 생각하지만 이 문제를 이분법적으로만 생각하기는 어렵다. 현실적으로 자유와 밥의 문제는 서로 연관되어 있고 얽혀 있기 때문이다. 이솝은 단지 밥의 문제에만 익숙하게 빠져 있는 사람들에게 자유의 의미를 다시금 생각하게 해주려는 의도에서 만든 이야기일 것이다.

자! 이 정도 생각해보면 '밥이 먼저냐? 자유가 먼저냐?' 라는 질문으로 이어진다. 여기에 답을 해줄 수 있는 고전은 앞서 김 대리를 통해 이야기했던 루소의《인간 불평등 기원론》이다. 이 책에서 루소는 자유와 밥이라는 상반된 가치에 대해 조율하고 있다. 회사에 출근하든 농사를 짓든, 자기사업을 하든지간에 이 모든 활동은 먹고 살기 위한 활동이다. 이런 활동은 더 많은 돈과 지위를 얻어서 더 자유롭게 살고 싶다는 목적과 이어져 있다. 돈을 많이 벌면 다른 것을 할 수 있는 기회도 그만큼 더 늘어난다. 해외여행도 할 수 있고 어려운 사람들을 도울 수도 있다. 더 이상 일하지 않고도 살 수 있다. 이런 차원에서 생각해 보면 일을 한다는 것은 그저 밥만 얻기 위한 목적이 아니라 더 많은 자유를 확보하기 위한 것이기도 하다. 하지만 이런 활동에는 먼저 나의 자유가 제한된다는 것을 인정해야한다. 정해진 시간에 출근을 해야 하고 하기 싫은 일도 해야 한다. 회사는 성과를 위해 더 많은 에너지를 쏟도록 강요한다. 상사에게는 마음에도 없는 아부를 할 때도 있다. 그러나 우리는 지혜롭게 조율하는 사람이 되어야 한다. 먹고 산다는 것과 자유롭게 산다는 것은 선택의 문제가 아니라 어떻게 공존시킬 것인가의 문제이기 때문이다.

지적대화를 위한 인문고전 활용 Tip 05

"극적인 반전의 대화법"

야구경기에서 가장 짜릿하고 감동적인 장면은 9회 말 투아웃에서 역전 만루 홈런을 치는 것입니다. 극적인 반전을 연출하는 것이죠. 대화에서도 마찬가지입니다. 극적인 반전으로 상대를 일희일비하게 만드는 방법이 고품격의 대화에 속합니다. 《사기》열전에 보면 한고조 유방이 신하인 한신과 나누는 대화가 있습니다.

"나는 얼마나 되는 군사를 다룰 수 있겠소?"

"폐하께서는 잘해야 10만 명 정도의 군사를 거느릴 수 있습니다."

"그럼 그대는 어떠한가?"

"신은 많으면 많을수록 좋습니다. 다다익선(多多益善)이지요."

"그렇게 군사를 잘 거느린다면서 어떻게 내 부하 노릇을 하고 있는가?"

"폐하께서는 군사를 거느리는 데는 능하지 못하지만, 그 군사를 거느리는 장수를 다스리는 데는 능하십니다. 그리고 그 능력은 하늘이 주신 것인데 사람이 감히 어떻게 할 수 있겠습니까?"

한신이 처음에 한 말은 자칫 목숨을 잃을 수도 있는 말입니다. 그런데 극적인 반전을 연출합니다. 자신과 유방은 비교할 수 있는 대상이 아니라고 극찬을 하는 거죠. 이 말을 그냥 '폐하는 장수를 다스리는 데 능하시기 때문에 저희와는 급이 다릅니다' 정도로 말했다면 반전의 극적인 효과를 거두지는 못했을 것입니다.

직장에서 서로 마음이 통하는 상사와 부담없이 대화를 주고받을 수 있는 상황이라면 이런 극적인 반전의 대화법이 상대의 마음을 잡을 수 있는 기회가 될 것입니다. 마치 9회 말 역전 홈런의 짜릿한 장면을 보는 것처럼 대화의 묘미를 느낄 수 있으니까요.

06

인문고전은 어떻게 삶의 무기가 되는가?

생각을 깊이 하는 사람들이 문제를 효과적으로 해결하는 비결은
"만약 …하면 어쩌지?" 하며 쓸데없이 시간을 낭비하지 않는 것이다.

– 노먼 빈센트 필 –

우연을 가장한 인생의 선택지를 대하는 자세

인생은 선택의 연속이다. 내 의지로 선택하지 못하는 것은 두 가지밖에 없다. 태어나는 것과 죽는 것뿐이다. 그 외 나머지는 모두 내가 선택하는 영역에 속한다. '나는 누구인가? 어떻게 살 것인가?'라는 명제는 인문학을 공부하는 최종 목표이다. 이 질문에 대한 나의 생각이 결국 내 삶의 목표와 방향을 결정짓는다. 내가 살고자 하는 방향과 인생의 목표가 여기에서 나오기 때문이다.

모든 순간순간의 선택이 이런 나의 생각과 목표에 연결되어 있다. 그래서 우리는 순간의 선택을 책임 있는 자세로 수용해야 한다. 하지만 우리는 살면서 우연을 가장한 인생의 선택지를 맞이할 때 앞뒤 생각 없이 충동적으로 선택하는 경우가 있다. 생각을 하고 선택하더라도 생각의 깊이가 얕아서 후회를 하는 경우도 종종 발생한다. 여기서 충동적이거나 후회하지 않는 선택을 하기 위해 필요한 것이 가치관이다. 즉, 나는 누구이고 어떻게 살 것인가에 대한 답을 평소부터 머릿속에 잘 정리해 둔 사람은 올바른 선택지를 고를 수 있는 것이다. 다음의 이야기를 읽고 우연을 가장한 선택의 순간에 여러분은 어떤 결정을 할 것인지 생각해 보기 바란다.

「직장생활에서 받는 스트레스를 등산으로 해소하는 김 대리가 있다. 그는 여름휴가를 강원도 설악산으로 가기로 계획을 세웠다. 직장상사가 주는 스트레스, 동료들과의 경쟁관계에서 오는 스트레스도 설악산 등산만 생각하면 심리적으로 안정을 찾을 수 있었다. 드디어 휴가를 내고 그토록 가고 싶었던 설악산을 가게 되었다. 서울고속버스터미널에서 고속버스를 타고 속초까지 갔다. 속초에서 다시 설악산 입구까지 버스를 타고 이동했다. 이동시간이 다소 오래 걸렸지만 몇 달 동안 기다려온 여행이라 즐겁기만 했다. 벌써 마음은 설악산 정상에서 야호를 외치고 있었다.

설악산 입구에 도착한 김 대리는 남들이 다 가는 등산코스를 선택하지 않기로 했다. 위험한 발상이라는 것은 알았지만 스스로 개척하는 인생을 살고 싶은 마음에 홀로 길을 개척하는 방법을 선택했다. 계곡을 타고 중간쯤 올라가면서 주변에 보이는 자연의 싱그러움이 경이롭게 느껴졌다. 이내 머릿속이 맑아지고 가슴도 뻥하니 뚫리는 것처럼 기분이 좋았다. 김 대리는 땀도 식힐 겸 바위에 걸터앉아서 아래를 내려다보았다. 정말 오기를 잘했다는 생각이 들었다. 그 순간 바위틈 사이에 예쁘게 핀 꽃을 발견했다. 바위틈에서 저렇게 예쁜 꽃이 어떻게 피었을까? 끈질긴 생명력과

아름다움을 자신의 인생과 비교해보았다. 자신을 닮았다는 생각을 했다. 그러자 그 꽃을 꺾어서 향기를 맡고 싶어졌다. 조금 위험해 보이는 위치에 있었지만 충분히 꺾을 수 있을 것 같았다. 김 대리는 바위 끝으로 조금씩 이동하며 팔을 뻗었다. 조금만 더, 조금만 더…. 간신히 손이 닿아서 꽃을 꺾었다. 그 순간 꽃 속에 있던 벌이 날아오르며 김 대리의 손등에 침을 놓았다. 김 대리는 놀라면서 중심을 잃고 미끄러지며 바위 아래로 떨어졌다. 다행히 다친 곳은 없었다. 미끄러지면서 허벅지와 종아리 부분이 쓸려서 따끔거렸다. 운이 좋았다고 생각하며 맑은 계곡물에 손과 발을 씻었다. 목덜미에 식은땀을 씻어 내리는데 큰 수박 하나가 떠내려 오는 것이 보였다. 김 대리는 얼른 물속으로 들어가서 수박을 건져냈다. 잠시 후 계곡물을 따라 수박을 찾으러 온 인심 좋게 생긴 아저씨를 만났고 수박을 건네주었다. 아저씨는 감사의 말을 전하며 같이 먹자며 김 대리를 이끌고 갔다. 김 대리는 놀란 가슴도 진정시킬 겸 좋다며 따라갔다. 상류로 조금 더 올라가니 일행들이 보였다. 간단히 통성명을 하고 수박을 나눠먹었다. 그런데 일행 중 한 명이 급한 전화를 받더니 다음날 아침 일찍 서울로 가야 한다고 했다. 그리고 김 대리에게 서울 갈 거면 자기차로 태워다 주겠다고 했다. 김 대리는 차비도 아끼고 버스를 갈아타는 번거로움도 덜 수 있겠다는 생각에 그러겠다고 했다. 결국 날은 어두워지고 김 대리는 설악산 정상에 오르지 못한 채 숙소로 돌아와야 했다. 그리고 다음날 새벽에 인심 좋은 아저씨차를 얻어 타고 서울로 돌아왔다. 돌아오면서 김 대리는 설악산 정상에 오르지 못한 것이 못내 아쉬웠지만 '이렇게 편하게 서울로 돌아가니까 그걸로 만족하자'라며 계속 자기 위안의 생각을 되풀이 했다.」

우리가 선택하는 순간순간은 그 상황에 맞는 최선의 선택이라고 생각한다. 하지만 지나고 보면 잘못된 선택을 했다며 후회하는 경우가 생긴다. 모든 순간이 최선의 선택이 될 수는 없다. 하지만 충동적인 선택도 계속 되풀이 되면 습관이 된다. 김 대리는 설악산 정상에 오르겠다는 목표를 세웠었다. 하지만 설악산 입구에서부터 잘못된 선택을 했다. 굳이 잘못된 선택이 아니라고 해도 등산의 원칙에서는 위험한 선택임에 틀림없다. 두 번째로 바위틈의 꽃을 보며 자신과 닮았다는 상상까지는 좋다. 그것을 꺾으려는 선택은 신중했어야 했다. 그리고 미끄러지는 사고를 당하고, 우연히 수박을 건져서 나누어 먹게 되는 상황이 전개되면서 처음 가졌던 설악산 정상을 오르려는 계획은 생각 밖으로 밀려나게 되었다. 다음날 다시 오르면 될 것이라고 생각했을 수도 있다. 하지만 서울로 돌아가는 차비를 아끼고 편하게 갈 수 있다는 유혹이 최초계획을 변경하게 만들었다. 마지막으로 돌아오는 차안에서 스스로 합리화를 하는 생각을 했다. 목적의식이 뚜렷하고 강한 실행의지를 가지고 있었다면 우연에 의해 인생이 지배받지 않았을 것이다. 우연은 누구에게나 발생할 수 있는 사건이다. 우리가 어떤 선택을 하느냐에 따라 우연이 좋은 필연이 될 수도 있고 악연이 될 수도 있다. 그 기준은 나의 가치관에 달려 있다. 그리고 그 가치관은 그냥 형성되는 것이 아니라 경험과 지식, 지혜를 통해 만들어진다. 김 대리처럼 후회하는 선택을 자주 하는 스타일이라면 인문고전에서 그 지혜를 만나라. 그리고 내 생활에 적용하는 습관을 들여라. 그러면 든든한 삶의 무기를 장착하는 것과 같아서 유혹이 손을 내밀 때마다 현명하게 대처할 수 있을 것이다.

인문고전이 삶의 무기가 되는 이유

니체는《짜라투스트라는 이렇게 말했다》에서 '인생은 사건이 아니라 해석이다'라고 했다. 사건 자체보다는 어떻게 해석하느냐가 중요하다는 말이다. 다음의 이야기는 인생사에서 끊임없이 발생되는 사건에 대해 남 탓, 환경 탓만 한 어느 스님의 이야기이다.

「어느 마을에 사는 젊은 청년이 인생의 진리와 부처의 가르침을 깨닫겠다는 목표로 머리를 깎고 스님이 되고자 했다. 그래서 우리나라에서 가장 큰 절을 찾았다. 주지스님에게 자신의 포부를 밝히고 스님이 되는 과정에 들어섰다. 그러나 스님들의 생활이 쉬운 일이 아니었다. 새벽 4시에 일어나서 예불을 드려야 하고 아침 공양 이전에 해야 할 일들이 너무나 많았다. 오전과 오후에는 불경 공부와 더불어 세속의 사람들과 처리해야 할 잡다한 일들을 계속 해야만 했다. 그렇게 1년이 지났다. 2년차에는 좀 더 나아질 거라고 생각했지만 같은 상황만 되풀이 되었다. 젊은 스님은 '이렇게 해서는 공부에 전념할 수 없어. 잡다한 일을 시키지 않는 절은 없겠지? 그럼 산속 깊은 곳에 암자를 짓고 홀로 진리의 깨달음을 얻는 게 빠를 거야!'라고 생각했다. 젊은 스님은 주지스님에게 절을 떠나겠다고 말씀드렸다. 속세와 가급적 멀리 떨어진 곳에서 오직 진리를 깨닫기 위한 공부에만 전념하겠다고 했다. 그리고 깊은 산속에 비바람을 피할 수 있는 움막을 짓고 공부에 매진하기 시작했다. 끼니는 주변 산나물과 약초를 채집해서 해결했다. 그런데 겨울이 다가오자 당장 먹을거리가 부족해지기 시작했다. 하는 수 없이 스님은 하루 반나절을 걸어서 마을로 내려갔다. 이 집 저집 탁발을 다니며 겨우 1~2일 지낼 수 있는 양식을 구해서 다시 산

속으로 들어갔다. 하루 종일 걷고 탁발하느라 심신이 지친 스님은 스르르 잠이 들고 말았다. 눈을 떠 보니 그날 공부하기로 계획 세웠던 분량을 하나도 하지 못했다. 다시 끼니를 해결하고 나니 당장 내일 먹을 양식이 없었다. 그래도 공부가 우선이라 생각하고 다시 놓친 분량의 공부를 시작했다. 하지만 배고픔과 추위와 고독과 공부에 대한 스트레스는 점점 스님을 병들게 만들어가고 있었다. 공부 욕심에 이틀간 한 끼도 먹지 못한 스님은 자칫 죽을 수도 있겠다는 공포를 느꼈다. 아픈 몸을 이끌고 다시 마을로 내려와서 병원을 찾았다. 의사는 스님이 영양실조로 많이 허약해졌다며 영양보충을 하지 않으면 위험할 수 있다고 했다. 그리고 매일 우유 한잔을 마시면 조금 좋아질 수 있을 거라고 했다. 그 길로 스님은 염소 두 마리를 사서 산으로 다시 들어갔다. 매일 염소젖을 마실 수 있어서 그나마 영양은 보충이 되었지만 새로운 일거리가 늘어났다. 염소를 키우는 일이 쉽지만은 않았던 것이다. 염소가 도망가지 못하도록 울타리를 쳐야 하고, 날이 어두워지기 전에 염소우리로 들여보내야 했다. 겨울이 오기 전에 겨울동안 먹을 풀을 미리 준비해야 했고 얼어 죽지 않도록 난방에도 신경 써야 했다. 이런 저런 일들이 산재하게 따라오자 젊은 스님은 다시 공부에 전념할 수 없다고 생각했다. '밥해주는 사람, 염소를 길러줄 사람이 있으면 공부에 전념할 수 있을 텐데'라고 생각하고 다시 마을로 내려가서 적당한 사람을 찾기로 했다. 마침 마을에는 일찍 사별하고 혼자 사는 과부가 있었는데 혼자 사느니 스님을 따라가서 뒷바라지 해주며 살고 싶다고 했다. 그리고 1년이 지났다. 암자에는 아기 울음소리가 끊이지 않았고 염소는 새끼를 낳아서 일거리가 더 늘어나 있었다. 결국 젊은 스님은 환경만 탓하다가 진리를 찾는 공부는커녕 세속의 일반적인 삶과 전혀 다를 바

가 없는 생활을 하고 있었다.」

살면서 겪게 되는 다양한 사건이나 상황에 대해 남 탓만 하고 환경 탓만 하게 되면 문제의 본질을 볼 수 없게 된다. 중심이 없이 헛도는 인생만 살게 되는 것이다. 이럴 때 니체의 말이 의미하는 바를 되새겨 보아야 한다. '인생은 사건이 아니라 해석이다.' 이 말의 의미를 제대로 깨닫고 생활에 적용할 수 있다면 분명 삶의 무기가 될 수 있을 것이다. 처음에는 이런 이치를 몰랐다고 하더라도 고전을 통해 이런 말을 접하게 되었다면 바로 내 생활에 적용하려는 태도가 중요하다. 그래서 책을 읽고 변화되는 사람이 있는가 하면 수백 권의 책을 읽어도 변화가 없는 사람이 있다. 내 삶에 적용하는 독서를 할 때 비로소 삶의 무기가 되는 것이다.

지적대화를 위한 인문고전 활용 Tip 06

"모수의 셀프추천. 주머니 속의 송곳"

송 작가 조직 속에서 내가 가진 능력을 인정받기가 참 어려운데요. '나는 이런 능력이 있습니다'라고 떠들고 다니면 자칫 잘난체하는 부류로 평가 절하될 수도 있고요. 그렇다고 가만히 있으면 누가 알아주지도 않으니 이럴 때 현명하게 처신할 수 있는 방법이 있을까요?

김 도사 모수자천(毛遂自薦), 낭중지추(囊中之錐)라는 고사성어가 있는데요. 모수자천(毛遂自薦)은 '모수가 스스로 자신을 추천한다'라는 뜻이고 낭중지추(囊中之錐)는 '주머니 속의 송곳 끝이 튀어나오듯이 뛰어난 인물은 숨어 있어도 저절로 눈에 띄게 된다'라는 뜻입니다. 이 두 가지 고사성어의 유래가 되는 이야기를 들려드리죠.

「조나라의 평원군은 자신의 빈객 중에서 사절단 스무 명을 선발했다. 열아홉 명을 선발한 후 마지막으로 한 명을 더 선발하려는데 '모수'라는 빈객이 스스로를 추천하며 나섰다. 평원군이 "선생은 우리 집에서 얼마나 있었소?"라고 묻자, 모수는 "3년입니다"라고 대답했다. 그러자 평원군이 "무릇 현명한 자의 처세는 주머니 속의 송곳이 금방 주머니를 뚫고 나오듯이 세상에 알려지는 법이요. 선생은 우리 집에 3년이나 있었지만 그 누구도 선생을 칭찬하지 않았고 나 역시 선생을 알지 못하오. 이번에는 도저히 선생과 함께 하지 못하겠소"라고 말했다. 그러자 모수가 대답했다. "저는 오늘 비로소 주머니 속에 넣어달라고 부탁하는 것입니다. 만약 진즉에 주머니 속에 들어 있었다면 송곳 끝이 아니라 송곳 자루까지 주머니 밖으로 나왔을 것입니다."」

모수는 평원군이 자신을 알아보지 못해서 주머니 속에 넣지 않았다며 은근히 사람 보는 눈이 없음을 지적하고 있습니다. 그리고 송곳 끝이 아니라 송곳 자루까지 주머니 밖으로 나올 것이라며 자신감을 보여줍니다.

송 작가 뛰어난 능력을 갖추었는데도 불구하고 상사가 자신을 알아주지 못할 때 모수의 셀프추천과 낭중지추(囊中之錐)이야기가 도움이 될 것 같군요. 절묘하게 자신을 추천하는 수준 높은 지적대화로 말이죠. 예를 들면 이런 대화가 가능하겠지요.

"부장님 낭중지추(囊中之錐)라는 고사성어가 있는데 이번 프로젝트에서 제가 딱 그 말의 주인공입니다." "무슨 뜻인가?" "'주머니 속의 송곳 끝이 튀어나오듯이 뛰어난 인물은 숨어 있어도 저절로 눈에 띄게 된다'라는 뜻입니다." "그런데?" "저를 주머니 속에 넣어주시면 송곳 끝이 아니라 송곳 자루까지 튀어나올 수 있습니다."

상황에 맞게 활용하시기 바랍니다.

제2장
인문고전으로 자기계발하라

01

나만의 인문고전 독서노트를 만들어라

누군가가 삶이 고달프다고 말하는 것을 들을 때면

나는 이렇게 묻고 싶다. 무엇과 비교해서?

– 시드니 J. 해리스 –

기록은 기억이다.

"기록되지 않은 것은 기억되지 않는다."

다산 정약용의 말이다. 아무리 좋은 책을 읽고 생각을 하며 깨달음을 얻었다고 해도 기록하지 않으면 기억되기 어려운 법이다. 책 속의 지혜를 온전히 내 것으로 만들기 위해서는 습관의 힘이 필요하다. 이때 필요한 습관이 나만의 인문고전 독서노트를 만드는 것이다.

인문고전 독서노트를 만들면 어떤 효과가 있을까? 단연코 인문고전의 지혜가 내 생활 속에 스며드는 효과라고 말할 수 있다. 그런데 수많은 인문고전을 읽었는데도 내 생활이 바뀌지 않았다면 내 것으로 만드는 과정이 없었기 때문이다. 책에서 읽은 내용을 내 언어로 표현하다보면 어느새 내 삶의 한 부분인양 익숙해지게 된다. 생활 속의 습관으로 이어지게 되는 것이다.

독서지도 과정에서 핵심적으로 가르쳐 주는 것이 서평 쓰는 법이다. 책을 한 권 읽고 나면 나만의 생각을 정리하고 서평을 쓰는 것이 큰 도움이 되기 때문이다. 처음에는 어떤 형식에도 구애 받지 말고 내 생각을 쓰면 된다. 이렇게 생각을 정리하는 습관이 자연스러워지면, 그때부터 체계적으로 서평 쓰는 법을 적용하면 된다. 그렇게 남긴 기록이 쌓여 가다 보면 어느새 내가 성장하고 있음을 느끼게 된다.

1994년에 경매로 나와서 326억원에 낙찰된 레오나르도 다빈치의 노트는 세상에서 가장 비싼 노트로 알려져 있다. 여러 학문을 넘나들면서 창의적인 아이디어와 수준 높은 지식이 결합된 노트이기 때문이다. 그럼 나에게 가장 비싼 노트는 무엇일까? 일기를 쓰고 있다면 일기장이 될 것이다. 나는 일기도 쓰고 독서노트도 만들라고 하고 싶지는 않다. 한 권에 통합하면 충분하다. 그래서 독서일기 쓰는 것을 권한다. 오늘 읽은 책이 단 한 줄에 지나지 않더라도 그 한 줄의 의미를 생각하고 오늘 일상에 미친 영향을 기록으로 남겨라.

많은 사람들이 책을 읽고 나면 기억이 나지 않는다고 말한다. 분명히 읽을 때는 감동도 느끼고 생각도 많이 하게 되어 좋았다고 하는데 조금 지나면 그때 느꼈던 감동을 다시 떠올리기가 어렵다고 한다. 사람마다 기억력의 차이는 있지만 이 문제는 기억에 대한 저장인식의 문제와 방법적인 문제일 뿐이다. 먼저 책을 읽은 후 기억하기에 대한 인식이 달라져야 한다. 책을 처음부터 끝까지 모두 읽어야 한다는 인식처럼 모든 내용을 기억해야 한다고 믿는 생각을 바꿔야 한다. 이관수 작가의《인문학으로 자기계발하라》에 보면 망각실험에 대한 인용문이 있는데 기억의 인식에 도움이 되는 내용이다.

'독일의 심리학자인 헤르만 에빙하우스는 장장 16년에 걸친 망각실험을 통해 사람이 망각의 동물임을 증명했다. 에빙하우스의 연구에 의하면 사람은 지식을 습득한 후 10분이 지나면 조금씩 잊기 시작한다. 망각 속도가 무척 빨라 1시간이 지나면 3분의 1을 잊고, 하루가 지나면 70%를 잊는다. 한 달 뒤에는 80% 이상을 망각한다. 사람의 뇌가 애초부터 불과 하루 만에 약 70%를 잊어버리도록 되어 있으니, 어제 읽은 책을 오늘 제대로 기억하지 못한다고 자책할 필요가 없다. 망각의 법칙 앞에서는 누구나 공평하다. 그러니 작가의 이름이 기억나지 않는다고, 책에 등장한 주요 인물이 누구였는지 생각나지 않는다고 걱정할 필요가 없다.'

위 망각실험 결과에서 보듯이 읽은 내용을 잊어버리는 것은 망각주기에 의한 것이므로 어쩔 수 없는 영역이다. 하지만 핵심을 놓치지 않고, 감동을 다시금 떠올릴 수 있기 위해서는 기록이라는 방법을 사용하면 된다. 처음부터 다시 모두 읽을 필요는 없다. 기록의 도움을 받으면 되기 때문이다. 그래서 독서노트를 만들라는 것이다. 형식에 구애받지 말고 인생문장을 발췌해서 기록한 후 내 느낌을 쓰면 된다. 전체적인 서평을 써도 무방하다. 핵심은 다시 볼 때 깨달음과 감동을 떠올리게 만드는 것이다.

적자생존! 어떻게 쓰고 남길 것인가?

먼저 인문고전을 읽기 전에 다짐부터 해야 한다. '이 책을 읽고 나서 독서노트에 반드시 기록으로 남기겠다.' 우리는 독후감이나 서평, 독서토론을 위한 논제 작성 등 반드시 써야 하는 상황이 주어지면 평소와 다르게 읽게 된다. 주요 문장에 밑줄을 긋고 형광펜으로 표시를 하거나 필요하면 내 생각을 여백에 써놓을 것이다. 다시 읽어봐야 할 부분은 책 귀퉁이를 접어두기도 한다. 반드시 써야 하는 상황으로 만들면 읽는 자세부터 달라진다는 이야기다. 그래서 우선 다짐을 하는 것이다.

다음은 구체적인 과정으로 '어떻게 쓰고 남길 것인가?' 이다. 책을 읽으면서 나만의 생각을 기록하는 것은 상당히 중요한 지적 성장의 과정이다. 그래서 생각이 떠오르면 바로 책의 여백에 적어야 한다. 보통의 경우 사람들은 특정 주제에 대해 스스로 생각하고 고민할 기회가 많지 않다. 저자의 생각을 따라가다 보면 퍼뜩 떠오르는 생각이 있는데 이것을 잘 정리해두면 수준 높은 사유의 결과를 얻을 수 있다. 한 권의 책을 쓰기 위해 저자는 수십 권에서 수백 권에 달하는 책을 읽고 그 속에서 자신의 생각을 문장으로 표현한다. 이것을 이해하고 나만의 생각이 떠오르는 순간은 단번에 뛰어오르는 지적 성장의 산물이다. 그래서 그 생각을 잘 붙잡아 두어야 한다.

마지막으로 독서노트에 옮겨 적는 과정이다. 독서 노트에 옮겨 적을 때는 반드시 포함시켜야 할 것이 몇 가지 있다. 책 제목, 출판사와 출판년도, 저자에 대한 간단한 소개를 적고 책을 이해하는 데 필요한 배경지식에 대해서도 핵심내용을 요약해서 기록해둔다. 그리고 언제 읽었는지 읽은 날짜를 기록한다.

다음은 책의 목차를 그대로 적는다. 그리고 목차 순서대로 책에 표시해 두었던 주요문장과 나의 생각을 옮겨 적는다. 이 과정에서 추가로 드는 나만의 생각이나 처음 생각과 다르게 드는 생각이 있을 수 있다. 그럴 때는 그 과정을 모두 기록해두면 다음에 읽을 때 도움이 된다. '처음에는 이런 생각으로 정리를 했지만 시간이 지나서 다시 드는 생각은 이런 거였다. 그 이유는 무엇을 다른 관점으로 보니 생각이 바뀌게 되었다.' 이런 식으로 정리를 하면 된다. 독서노트에 옮겨 적기가 완료되면 마지막에 한 줄 서평으로 마무리를 한다. 한 줄 서평으로 마무리하는 이유는 한 권의 책을 한 줄로 압축하는 고난도의 글쓰기다. 책의 내용과 저자의 생각, 나의 생각을 단 한 줄로 요약하는 것이다. 그 책을 말하는 가장 짧은 문장으로 압축된 것이 책 제목인 것처럼 읽은 책에 대한 나의 생각을 잘 요약하는 것이 한 줄 서평이다. 한 줄 서평쓰기가 익숙해지면 책의 대의를 요약하거나 핵심을 꿰뚫어 보는 능력이 향상되었음을 느끼게 될 것이다.

한 권의 책을 읽고 나서 나의 머리와 가슴에는 무엇이 남아 있는가?

시간 가는 줄 모르고 몰입해서 읽은 책도 하루가 지나면 그 감동과 흥분이 쉽게 사라지기 마련이다. 책을 통해 얻은 지식도 시간이 지나면 가물가물해진다. 쉬이 사라져 버리는 기억을 머리와 가슴에서 다시 재생시킬 수 있는 방법이 독서노트 작성이다.

독서노트를 작성하는 특별한 기준은 없다. 나에게 적합한 나만의 방식으로 만들면 된다. '적는 자만이 살아남는다'는 적자생존의 시대에 독서노트는 내가 언제든지 꺼내 쓸 수 있는 지혜의 무기가 될 것이다.

지적대화를 위한 인문고전 활용 Tip 07

"자신 있는 사람의 말은 심플하다."

미국의 제40대 대통령 로널드 레이건(1981~1989 재임)은 영화배우 출신 대통령입니다. 그의 연설은 질리지 않는 명연설로 유명하죠. 그런 그도 늘 연설을 잘했던 것은 아닙니다. 하루는 연설을 하는데 너무 지루하게 하는 모습을 보고 영부인 낸시 여사가 'KISS'라는 단어가 적힌 쪽지를 건네줍니다. 나중에 기자들이 그 뜻을 묻자 낸시 여사는 'Keep It Short, Stupid!(짧게 해, 멍청이야!)'라는 뜻이라고 말했습니다. 이 말은 원래 'KISS(Keep It Short, & Simple!(짧고 단순하게)'라는 대화법에서 따온 것인데요. 심플하지 못하면 멍청하다는 의미로 낸시 여사가 재해석한 것이죠.

《한비자》에 보면 제나라 임금 환공과 재상 관중의 대화가 나옵니다. 자신 있고 명확하며 심플하게 대답하는 관중의 말을 잘 음미해보시기 바랍니다.

제 환공이 재상 관중에게 물었다.

"부에도 한계가 있는 것이요?"

관중이 대답했다.

"물의 한계는 우물의 물이 다 말라 없어진 경우를 말하고, 부는 스스로 만족했을 때가 한계입니다. 그럼에도 사람들이 스스로 만족하지 못해 패망하고 맙니다. 따라서 부에는 한계가 없다고 볼 수 있습니다."

관중의 말을 분석해보면 짧게 이어가는 문장에서 쉽고 간결한 말로 설명하고 있습니다. '부는 스스로 만족했을 때가 한계입니다'라는 부분에서 모두 공감하게 되죠. 그런데 여기서 멈추지 않습니다. '스스로 만족을 못하기 때문에 한계가 없다'라고 이어갑니다. 여기에는 인생의 철학이 담겨 있습니다. 곧바로 고품격의 지적인 대화로 만들어버리죠.

유명인의 연설이나 대화를 보면 말하고자 하는 분야를 확실하게 이해하고 있습니다. 그래서 핵심을 제대로 짚을 줄 압니다. 설명이 길고 중언부언하는 사람은 현상을 제대로 파악하지 못한 사람들입니다. 잘 모르니까 자신감이 없고, 자신감이 없으니 구구절절 설명하는 말이 길어지는 겁니다. 짧은 문장 속에 핵심내용과 철학을 담는 연습을 해보시기 바랍니다. 한 마디로 승부수를 띄워서 사람의 마음을 움직일 수 있을 때까지 말이죠.

02

매일 아침 오늘의 철학을 생각하라

인생이 살만한 이유는 무언가에 대한 신념과 열정 때문이다.

– 올리버 웬들 홈스 –

매일 아침 나만의 생각 습관을 만들어라.

"나는 20대 때부터 '앞으로 인생을 어떻게 살겠다'라는 생각을 갖고 있었습니다. 그래서 때로 시련과 역경이 닥치고 주위의 부정적인 사람들이 나를 흔들어도 흔들리지 않고 앞만 보며 달려갈 수 있었습니다."

서른아홉의 나이에 200권의 책을 출간한 〈한국책쓰기1인창업코칭협회〉 김태광 대표의 말이다. 사람들은 그를 운이 좋은 사람이라고 생각한다. 하지만 그는 운이 좋은 게 아니라 매일 운을 만들어 내는 사람이다. 김태광 작가의 《김태광, 나만의 생각》이라는 책은 매일 나만의 생각을 쓸 수 있게 만드는 책이다. 매일 한 개의 스토리를 읽고 작가의 생각과 나만의 생각을 써볼 수 있도록 되어 있다. 다음의 글은 김태광 작가의 책을 활용해서 매일 아침 나만의 생각, 나만의 철학을 생각하는 습관을 어떻게 만드는지 그 방법을 기록한 내용이다.

〈오늘의 이야기 : 따뜻한 말 한 마디에 담긴 사랑〉

"미국 테네시 주의 한 작은 마을에서 벤 후퍼라는 아이가 태어났습니다. 아이는 체구가 몹시 작고, 아버지가 누구인지 모르는 사생아였습니다. 마을 사람들은 자신의 자녀가 아버지가 누구인지도 모르는 벤 후퍼와 함께 노는 것을 원치 않았습니다. 때문에 자연히 친구들도 그를 놀리며 멸시했습니다.

벤 후퍼가 열두 살이 되었을 때였습니다.

마을의 교회에 젊은 목사님이 부임해 왔습니다. 벤 후퍼는 그때까지 교회에 가본 적이 없었습니다. 하지만 젊은 목사님이 가는 곳마다 분위기가 밝아지고 사람들이 격려를 받는다는 소문을 듣고 교회에 가보고 싶었습니다.

그래서 그는 예배 시간에 좀 늦게 예배당에 들어가 맨 뒷자리에 앉아 있곤 했습니다. 그러다 예배가 거의 끝날 시간이 되면 아무도 모르게 살짝 빠져나왔습니다.

몇 주가 지난 어느 주일이었습니다.

벤 후퍼는 목사님의 설교에 너무나 깊은 감명을 받았습니다. 잠시 감동에 젖어 있는 사이에 예배가 끝나 사람들이 밖으로 나가고 있었습니다. 벤 후퍼도 사람들 틈에 끼어 나오면서 목사님과 악수를 하게 되었습니다.

목사님은 벤 후퍼를 보고 말했습니다.

" 네가 누구 아들이더라?"

갑자기 주변이 조용해졌습니다. 그때 목사님은 환한 얼굴로 벤 후퍼에게 말했습니다.
"그래, 네가 누구의 아들인지 알겠다. 너는 네 아버지를 닮았기에 금방 알 수 있어!"

목사님은 계속해서 말했습니다.
"너는 하나님의 아들이야! 네 모습을 보면 알 수 있거든!"

당황해하면서 교회를 빠져나가는 벤 후퍼의 등을 향해서 목사님은 말했습니다.
"하나님의 아들답게 훌륭한 사람이 되어야 한다!"

세월이 흘러 벤 후퍼는 주지사가 되었습니다. 주지사 벤 후퍼는 다음과 같이 말했습니다.
"그때 그 목사님을 만나서 내가 하나님의 아들이라는 말을 듣던 그날이, 바로 테네시 주의 주지사가 태어난 날입니다."

많은 사람들은 별빛이 참 아름답다고 말합니다. 그러나 별이 잠들지 못한 사람들의 밤길을 밝혀주기 위해 빛을 발한다는 것은 잘 알지 못합니다.

〈오늘의 이야기에 대한 김태광 작가의 생각〉

나는 밤하늘의 별을 생각하다 문득 이런 생각이 들었습니다.
그동안 나는 내 아픈 것만 알았지, 다른 사람 아픈 것은 정작 외면했다는 것을.
상대방에게 우쭐댈 줄만 알았지, 정작 상대방의 장점은 볼 줄 몰랐다는 것을.
그땐 마음의 눈이 너무나 어두웠습니다.
지금껏 나의 그런 모습들은 모두 나를 위한 것이었습니다.
하지만 앞으로는 모든 사람들을 따뜻한 시선으로 바라볼 생각입니다.
내가 먼저 그들에게 다가가 따뜻한 미소를 건넬 생각입니다.

〈오늘의 이야기에 대한 나만의 생각〉
"당신이 생각하는 사랑의 색깔은 무엇인가요?"

사랑은 색깔을 입히지 않습니다.
색깔을 입히면 그 색깔로만 사랑을 생각하게 되니까요.
시간이 지나면 색깔이 바래지기도 하지요. 그래서 사랑은 무색, 무취의 산소와 같아야 합니다.
우리는 산소 없이는 살 수가 없습니다. 이 말은 사랑 없이는 살 수 없다는 말도 됩니다.
목사님이 벤 후퍼에게 주신 사랑은 색깔을 입히지 않았습니다.
하나님의 아들은 특별한 색깔의 옷을 입은 사람이 아닙니다.
그냥 세상에 꼭 필요한 사랑을 나누는 그런 산소같은 사람이라는 생각이 듭니다.
지금 책을 쓰는 이 순간은 지난 시절 세상에 찌든 색깔을 벗겨내는 과정입니다.

온전히 사랑의 색깔에 도달해서 세상에 산소같은 존재로 다시 태어나는 거룩한 과정입니다.
그래서 생각이 진중해지고 마음에 비장한 각오를 다시금 새겨 넣게 됩니다.

이렇게 매일 아침 감동의 이야기 한 편에 저자의 생각과 나만의 생각을 비교해가며 생각하는 습관을 만들면 매일 성장하는 나를 만날 수 있다. 이렇게 단련된 나만의 생각은 내가 하고 싶은 일, 간절한 나만의 꿈을 향해 당당하게 도전하는 힘이 된다.

매일 아침 오늘의 철학을 생각하라.

야마구치 슈는 그의 저서《철학은 어떻게 삶의 무기가 되는가》에서 '교양이 없는 전문가보다 위험한 존재는 없다'라고 말했다. 그리고 미국의 엘리트 경영자 교육기관으로 유명한 아스펜 연구소 사례를 제시하고 있다.

미국의 엘리트 경영자 교육기관으로 명성 높은 아스펜 연구소에서는 세계에서 가장 '시급'이 높은 글로벌 기업의 경영 간부 후보들이 멋진 스키 리조트가 있는 아스펜 산기슭에 모여 플라톤, 아리스토텔레스, 마키아벨리, 홉스, 로크, 루소, 마르크스 등 철학과 사회학의 고전을 착실히 배우고 있다. 그들은 왜 기꺼이 시간을 할애하여 걸핏하면 쓸모없는 학문으로 치부되기 일쑤인 '철학'을 우선순위로 배우고 있는 것일까? 아스펜 연구소의 설립 계기가 된 1949년 '괴테 탄생 200주년 기념제'의 발기인 가운데 한 사람이자, 당시 시카고 대학교 총장이었던 로버트 허친스(Robert Hutchins)

는 리더가 교양을 갖추어야 하는 이유를 다음과 같이 설명했다. '교양 없는 전문가야말로 우리의 문명을 가장 위협하는 존재다.', '전문 능력이 있다고 해서 교양이 없거나 매사에 무지해도 되는 것일까?'

철학을 배우면 어떤 일에 도움이 된다거나 멋있어 보인다거나 현명해진다는 것이 아니고, 철학을 배우지 않고 사회적 지위만 얻으면 문명을 위협하는 존재, 한마디로 '위험한 존재'가 된다고 지적하고 있다. 우리가 삶의 철학을 가져야 하는 이유가 여기에 있는 것이다.

그렇다면 철학을 생활 속에서 실천하는 방법은 없을까? 엘리트 경영자들은 시간과 돈을 들여서 저렇게 열심히 배우는데 평범한 내가 할 수 있는 방법은 무엇일까? 영원히 루저(loser)의 인생을 살지 않기 위한 방법은 없을까?

매일 아침 오늘의 철학을 생각하는 습관을 들이면 된다. 먼저 매일 아침 나만의 생각을 하는 습관을 완성하라. 생각 습관이 완성되면 다음 단계로 매일 아침 오늘의 철학을 생각하라. 오늘 활동을 체크하면서 내가 가질 철학적 마인드를 미리 세팅하는 것이다. 이때 필요한 철학적 마인드의 스승은 소크라테스가 될 수도 있고, 니체가 될 수도 있다. 생활 속에서 실천하는 철학을 할 때 비로소 삶의 무기가 될 수 있다. 마치 마키아벨리가 프랑스로 협상을 떠나기 전에 《카이사르 원정기》를 읽고 협상무기를 만들었듯, 고려 시대 서희 장군이 거란의 침입에 담판을 지으러 가기 전에 국제정세와 역사를 먼저 살피고 외교전을 펼쳤듯이 오늘의 철학적 마인드를 세팅하고 하루를 시작해보기 바란다.

지적대화를 위한 인문고전 활용 Tip 08

"경쟁자를 평가해 보라고 요청받을 때"

송 작가 누군가로부터 나의 경쟁자에 대해 평가를 해보라는 요청을 받을 때가 있는데요. 참 난감한 상황이 될 수 있습니다. 뛰어나다고 평가하면 내가 약해지고, 무능하다고 말하면 공정하지 못하고 속 좁은 사람으로 비춰질 수도 있죠. 이럴 때는 어떻게 말하는 게 좋을까요?

김 도사 만약 그 사람이 뛰어나고 장점이 많은 사람이라면 과감하게 인정을 하는 게 좋습니다. 공연한 자존심이나 경쟁심으로 머뭇거린다면 속 좁은 사람으로 비춰질 수도 있죠. 하지만 그 사람이 나와 경쟁관계에 있다면 나의 모습을 겸손하게만 표현하면 안 됩니다. 그 사람의 장점을 칭찬하되 나 자신도 내세울 수 있는 당당함이 필요합니다. 표 나지 않게, 자연스럽게 자신을 높이게 되는 지적인 대화를 해야 합니다. 《논어》에 공자와 자공의 대화가 적절할 것 같군요.

공자가 자공에게 물었다.
"너와 안회 중에 누가 더 나으냐?"
자공이 대답했다.
"회는 하나를 들으면 열을 알지만, 저는 하나를 들으면 둘을 알 뿐입니다."

자공은 안회가 자기보다 더 능력이 있다고 인정합니다. 하지만 자신도 보통 사람들이 하나를 들으면 하나를 이해하는 기준을 넘어서는 비범함을 가지고 있다고 넌지시 알려줍니다. 겸손과 자신감을 동시에 표현하는 것이죠. 이런 대화가 고품격 지적대화입니다.

자공의 제자가 자공이 공자보다 더 현명하다고 칭찬하자 자공은 "말을 신중하게 하라. 내가 공자에게 미치지 못하는 것은 하늘에 사다리를 놓아 올라갈 수 없는 것과 같다"라고 말하기도 합니다. 과연 언변의 달인답게 이 대답 역시 예술입니다. 경쟁자를 평가해달라고 요청받으면 자공처럼 대답하시기 바랍니다.

03

생각하고, 토론하고 실천하라

어떤 생각과 인격은 편안하고 아무 일 없는 고요한 시기에는 성장하지 않는다. 오직 시련과 고난을 겪은 후에 영혼이 강해지고 패기가 생기며 성공할 수 있다.

– 헬렌 켈러 –

생각하고 토론하라.

"오늘 독서토론에서 가장 크게 느낀 점을 말씀해 주세요."

"네, 저부터 할게요. 오늘도 역시 나만의 생각을 깨는 시간이 되었어요. 매번 느끼는 것이지만 같은 책을 읽어도 생각하는 것은 정말 다르다는 생각이 듭니다. 오늘 독서토론이 없었다면 다양한 관점으로 보지 못하고 나만의 생각에서 벗어나지 못했을 겁니다. 정말 좋은 시간이었어요."

독서토론 모임 후기에 가장 많이 올라오는 소감이다. 같은 책을 읽고도 자신의 경험과 생각에서 비롯되는 느낌의 차이가 분명히 존재한다. 우리는 이런 차이를 인식하고 다양한 눈으로 상황을 보는 연습이 필요하다. 그래야 보다 더 현명하게 상황을 판단하고 지혜롭게 행동할 수 있게 된다. 인문고전 독서는 '책을 읽고 이해했다'에서 끝나는 게 아니다. 이리저리 뒤집어 보고 생각을 많이 해야 한다. 그리고 토론을 통해 생각을 확장시켜야 한다.

인문고전 독서로 유명한 미국의 세인트존스 대학은 책을 읽고 토론하는 과정을 상당히 중요하게 여긴다. 세인트존스의 핵심 수업은 세미나이다. 질문을 공유하고 광범위하게 대화를 하면서 고전을 분석적으로 마주하게 한다. 학생들에게 인간으로서 생각해야 할 중요한 질문을 도출하게 한다. 그렇게 진행하면서 고전의 저자와 대화를 이어가게 한다. 이런 세미나에서 살아남는 방법은 광범위한 독서와 생각을 하는 방법뿐이다. 그래서 수많은 생각을 연결하고 자신의 지식을 총동원해서 세미나에 참석해야 한다. 세미나를 통해 내 의견을 발표하고 타인의 생각을 공유한다. 세미나가 정보를 공유하는 과정이라면 글쓰기는 생각을 정리하는 과정이다. 글을 쓰면서 내 생각과 타인의 생각을 융합하다 보면 깊이가 더해지는 독서가 됨을 알 수 있다. 이런 과정이 곧 나만의 가치관을 형성하게 만든다. 세인트존스는 읽고, 토론하고 생각을 정리해서 글로 써내는 시스템을 대학 전 학년 과정에 걸쳐 적용하고 있다.

최재천 이화여대 석좌 교수는 세인트존스 대학의 공부 방법에 대해 다음과 같이 평가했다.

"KBS 프로그램 〈명견만리〉 강연을 하기 전까지 나는 4년 동안 고전

100권을 읽고 모든 수업을 토론으로 진행하며 시험도 없는 세인트존스라는 대학이 있다는 걸 몰랐다. 교수의 농담까지 일일이 받아 적고 깡그리 외워 답안지에 그대로 토해 내야 A+를 받는 대한민국 명문대의 수업과 극명하게 다른 세인트존스의 수업. 공부는 본래 스스로 하는 것이다. 미래학자들의 예측에 따르면 지금 청년 세대는 평생 직종을 대여섯 차례나 바꾸며 살 것이란다. 요행으로 첫 직장의 문만 열 수 있는 '맞춤열쇠' 한 개가 아니라, 평생 맞닥뜨릴 다양한 직업의 자물쇠를 열 수 있는 '마스터키'가 필요하다. 세인트존스 학생들은 자신만의 마스터키를 깎고 있다."

학생들은 토론 준비를 위해 스스로 질문하고 답을 찾아간다. 혼자 읽으면서 찾지 못한 답은 토론, 세미나로 가져간다. 그리고 답을 찾을 때까지 질문하고 자기 생각을 발표한다. 끊임없이 생각하고 토론하면서 자신을 성장시켜 나간다.

과수원 주인은 사과가 떨어지는 것을 가장 많이 목격하고서도 평생 중력의 법칙을 모르고 죽는다. 뉴턴은 사과가 떨어지는 것에도 '왜?' 라는 질문을 던져서 중력의 법칙을 발견했다. 세인트존스는 고전 독서를 하며 '왜?' 라는 질문과 '어떻게?' 라는 질문을 하면서 읽지 않으면 토론에서 자신의 생각을 말할 수 없게 만든다. 질문을 하다 보면 당연히 생각도 많이 하게 된다. 즉 읽으면서 생각을 한다는 것이다. 질문과 생각으로 무장을 한 다음 토론과 세미나에 참여한다. 치열한 생각의 공방전이 벌어지고 정보 공유가 완성되면 그걸로 끝나는 것이 아니다. 이어서 글로 써내면서 독서가 완성된다. 글로 써내는 과정은 책을 읽고 나만의 가치관을 형성하는 과정이 된다. 이것이 세인트존스의 고전 독서법이다. 단순히 책 읽고 토론하고 마치는 것이 아니다. 한 사람의 인격을 형성하는 과정이 되는 인격완성시스템인 것이다.

깨달음을 실천하라.

"아는 것으로 그쳐서는 안 된다. 응용할 줄 알아야 한다."

"생각과 마음만을 가져서는 안 된다. 반드시 실천해야 한다."

레오나르도 다빈치는 사람을 움직이는 진정한 힘은 말이 아니라 행동과 실천이라고 했다. 우리가 인문고전의 지혜를 아무리 많이 알고 있다고 해도 생활 속에서 실천하지 않으면 무용지물이다. 모르고 행하지 않으면 죄가 되지 않는다. 알면서도 행하지 않으면 죄가 된다.

깨달은 바를 실천하는 것은 곧 그 사람의 습관이 된다. 이렇게 만들어진 습관은 생각의 기준이 되고 그 사람을 평가하는 인격의 기준이 된다. 그리고 한 사람의 인생철학이 된다. 아테네 역사에서 가장 위대한 웅변가 중 한사람인 데모스테네스는 대중 연설에서 가장 중요한 세 가지가 무엇이냐는 질문에 "행동, 행동, 행동!"이라고 답했다고 한다.

우리는 무언가에 걸려 넘어질 때 본능적으로 팔을 뻗어 땅을 짚는다. 이것이 '방어적 상처(defensive wounds)'가 생기는 이유다. 생각도, 불평도, 주장도 필요하지 않다. 그냥 행동하면 된다. 우리는 우리가 아는 것으로 멈추어 있기보다 행동으로 옮길 때 더 큰 힘이 발휘된다는 사실을 알아야 한다.

"실패하는 리더의 70%는 단 하나의 치명적인 약점을 가지고 있다. 그것은 바로 실행력의 부족이다. 오늘날 미국 경영자의 95%가 옳은 말을 하고 5%만이 옳은 일을 실행에 옮긴다."

– 미국 경제잡지 〈포춘지〉

실행력이 뒤따르지 않는 리더의 말은 형식적, 선언성, 이벤트성 멘트로 인식된다. 조직 구성원들은 정확하게 리더의 성향을 알아챈다. 언행일치가 되지 않으면 신뢰가 깨지고 리더의 역할을 제대로 수행할 수 없음을 명심해야 한다. 독서에서도 마찬가지다. 깨달은 바를 널리 전달하는 수준에서 멈추어버리면 실행력이 뒤따르지 않는 리더와 같다. 결국 독서로 깨달음을 얻었더라도 실천하지 않으면 인생의 변화와 성장을 달성할 수 없게 된다.

고대 그리스 로마의 철학자인 에필테토스는 다음과 같이 실천력을 강조했다.

"하나라도 온 마음을 다해 끝까지 해보지 않았다면, 아무것도 하지 않은 것과 다름이 없다."

우리는 독서를 통해 세상을 있는 그대로 바라보고 본질을 볼 수 있는 눈을 만든다. 이것이 깨달음의 과정이다. 깨달음으로 세상을 보는 인식의 기준이 만들어지면, 그 다음에 해야 할 일은 실천이다. 행동으로 옮기는 것이다.

아무리 많은 책을 읽고, 아무리 남다른 아이디어를 갖고 있어도 실천하지 않으면 아무 소용이 없다. 평범한 사람과 성공한 사람의 차이는 지식이 아니라 실천에 있고, 성공한 기업과 그렇지 못한 기업의 차이는 전략이 아니라 실행에 있다. 개인이든 조직이든 실행력이야말로 진정한 경쟁력이 된다.

지적대화를 위한 인문고전 활용 Tip 09

"사랑하는 사람에게 나의 반쪽 이야기를 들려주어라"

송 작가 호메로스의 《일리아스》에서 '아킬레우스'와 '파트로클로스'의 관계를 보면 동성애적인 사랑을 하고 있습니다. 왜 호메로스는 영웅 아킬레우스가 동성애의 느낌을 갖도록 묘사했을까요?

김 도사 그건 그리스 신화로 해석하면 이해가 쉬운데요. 그리스 신화 중에 흥미로운 이야기가 있습니다. 옛날에 인간은 두 사람이 하나로 뭉쳐 있는 형태였다고 합니다. 얼굴이 두 개, 팔이 네 개, 다리도 네 개. 그래서 두 사람이 하나로 결합되어 있는 인간은 힘도 세고 빠르기도 엄청 빨라서 신들을 위협할 정도였다고 해요. 그 결합 방식에 따라 세 가지 인간형이 있었는데 남자와 남자, 남자와 여자, 여자와 여자라고 합니다. 이 가운데 가장 강력하고 고귀한 결합은 남자와 남자의 결합이었죠. 이에 위협을 느낀 제우스는 불멸의 실을 들고 사람들을 둘로 쪼갰습니다.

송 작가 그럼, 그때부터 사람들이 자신의 반쪽을 찾아 헤매게 되었군요.

김 도사 네. 그때부터 사람들은 힘을 잃었고 쪼개져 나간 자신의 반쪽을 찾아 헤매는데 자신의 인생을 걸기 시작했죠. 사랑이란 그렇게 상실한 자신의 반쪽을 극적으로 만나서 존재를 완결하는 신비로운 회복의 작업이 된 겁니다. 누군가 진심으로 사랑한다면 그는 바로 당신으로부터 떨어져 나갔던 당신의 반쪽이라는 거죠.

송 작가 아하, 이 신화에 따르면 가장 강력한 힘을 발휘하는 구조가 남자와 남자로 결합된 유형이어서 아킬레우스를 동성애 느낌으로 묘사했군요. 이제야 이해가 되는군요.

김 도사 인문고전을 읽으면서 생기는 호기심을 그냥 지나치지 마세요. 자세히 들여다보고 기원을 찾아가다보면 인생이 재밌어집니다. 오늘은 사랑하는 연인에게 그리스 신화로 지적인 사랑을 속삭여 보시는 건 어떨까요.

"나의 반쪽을 만나기 위해 태어나서 줄곧 너를 찾아왔어. 원래 우리는 하나였는데 제우스신이 불멸의 실로 우리를 둘로 갈라놓았었지. 이제 둘이 하나 되니까 사랑의 힘이 더욱 강력해졌어. 우린 뭐든지 할 수 있어"라고 말이죠.

04

유튜브에 인문고전 독서일기를 올려라

무슨 일이든 조금씩 차근차근 해나가면 그리 어렵지 않다.

– 헨리 포드 –

유튜브에 인문고전 독서일기를 올려라.

"다른 사람을 가르치면서 설명하면 두번 배우게 된다." 프랑스의 철학자 조세프 주베르(1754~1824)의 말이다. 아인슈타인은 "설명할 수 없다면 이해한 것이 아니다"라고 말했다. 인문고전 독서를 한 후 타인을 가르쳐 보면 내가 공부한 것을 온전히 이해하게 된다는 말이다.

이노우에 히로유키의 《배움을 돈으로 바꾸는 기술》에 보면 '배운 것을 확실히 익히는 최고의 방법은 가르치는 것'이라고 말한다.

"우리 병원에서는 직원이 연수를 다녀오면 다른 직원에게 그 내용을 가르치도록 합니다. 가르치는 입장에 서면 이해한 줄 알았던 내용도 실은 제대로 알지 못했다는 사실을 깨닫게 되고 다시 한 번 철저하게 점검할 수 있기 때문입니다."

맞는 말이다. 내가 배우고 공부한 것에서 그치지 말고 남을 가르쳐보면 분명 두 번 배우는 효과를 경험하게 된다. 그렇다고 배운 것을 늘 다른 사람에게 가르치려 들면 분명히 하나 둘 떠나기 시작할 것이다. 또는 잘난 체 한다고 핀잔을 줄 수도 있다. 그래서 나는 생각했다. 매일 내가 배운 내용을 다른 사람에게 전달할 수 있는 방법은 없을까? 나는 유튜브를 보면서 이 고민을 하다가 무릎을 치며 아이디어를 떠올렸다. 내가 직접 유튜브를 찍어서 올리면 이노우 히로유키가 말한 '배운 것을 가르치는' 모양이 된다고 생각했다.

나는 곧바로 실행에 옮겼다. 먼저 인문고전을 읽고 독서일기를 썼다. 그리고 그 내용을 잘 편집해서 책의 핵심 내용을 전달하는 동영상을 만들었다. 독서일기와 책의 여백에 써놓은 메모가 나의 유튜브 방송 대본이 되었다. 나는 이 과정에서 크게 세 가지를 깨달았다.

첫째, 생각하는 것은 쓰는 것과 다르다. 생각은 흘러 지나간다. 하지만 기록으로 남기면 생각을 붙들어 둘 수 있다. 더 깊이 생각하게 만들기도 한다. 그래서 생각하는 것은 무조건 기록으로 옮기는 지혜가 필요하다.

둘째, 쓰는 것은 말하는 것과 다르다. 생각을 붙들어 두기만 하면 나만의 생각에 그치게 된다. 그런데 타인에게 말을 하면 내가 알고 있는 것을 전달하다 보니 두 번 배우게 되는 효과가 나타난다. 덤으로 타인의 생각을 들을 수도 있다.

셋째, 말하는 것은 동영상으로 유튜브에 올리는 것과 다르다. 타인에게 말을 한다는 것의 한계는 대상이 소수라는 것이다. 강연을 하지 않는 한 몇몇 사람들에게만 전달하는 방식을 벗어날 수 없다. 유튜브는 이러한 시간, 공간, 대상 인원수의 제한사항을 뛰어 넘을 수 있다. 수많은 사람들이 보게 되므로 좋은 영상을 만들기 위해 더 공부하게 만든다. 그리고 유튜브의 장점은 단연 피드백이다. 물론 악성 댓글로 스트레스를 받을 수도 있지만 많은 사람들이 나의 이야기, 생각을 시청하고 자기만의 생각을 댓글로 남긴다. 수많은 사람들의 생각을 접하게 되니 그 생각을 읽는 만큼 나는 더 공부하게 되는 것이다.

다음은 유튜브에 올린 프란츠 카프카의 소설《변신》에 대한 이야기이다. 어떤 관점으로 읽을 것인가에 대한 내용과 주제어를 제시하고 줄거리를 진행자와 함께 역할을 나누어서 읽어주었다. 이어서 몇 가지 논점을 현재 우리 삶과 비교해서 분석하는 내용으로 진행했다.

송은섭 작가 : *《변신》은 체코 태생의 프란츠 카프카가 1916년에 쓴 소설입니다. 자본주의 소유의 세계에서 대립적인 긴장, 그것으로 인해 개인이 겪는 압박과 소외가 마침내는 무력한 한 인간을 한 마리 흉측한 해충으로 변신케 하고, 그리고 그 해충마저도 아버지가 던진 사과 한 알에 치명상을 입게 됩니다. 그 상처보다 더욱 쓰라린 것은 가족의 외면으로 인해 고독으로 죽어가는 인간상을 보여주고 있다는 것입니다. 소설의 마지막 페이지를 덮을 때 독자로 하여금 무언가 가슴 저 아래로부터 서서히 올라오는 깨달음, 자본주의 사회에서 인간의 존재감이란 무엇이 기준이 되는가, 그리고 인간성 회복을 위한 가치관 등을 생각하게 만드는 소설이라고 할 수 있습니다.*

***진행자** : 네, 변신이라는 말 자체가 인간으로서 존재감을 상실하게 되면 결국 벌레취급 받게 되는 현실을 나타내는 거였군요. 작가님이 왜 이 소설을 존재의 관점에서 읽어보자고 했는지 알 수 있을 것 같네요.*

***송은섭 작가** : 이 소설이 발표되었던 1916년에도 자본주의 사회에서 경제활동을 통해 수익을 창출하지 못하면 벌레취급 당하던 그런 사회모습을 풍자했다고 할 수 있는데요. 100년이 지난 지금도 우리 현실을 빗대어 보면 너무나 닮아 있는 모습을 느낄 수 있습니다.(중략)*

***진행자** : 네, 이 소설을 통해 현대를 사는 우리는 많은 깨달음을 얻을 수 있었는데요, 나의 존재를 알리는 소통, 사랑받기 위해 태어난 사람, 존재 자체만으로도 감사와 사랑이라는 마음을 생각해보게 됩니다.*

***송은섭 작가** : 네, 맞습니다. 노력하고 배려하면서 성장하는 가족이 되어야 할 것 같습니다.*

***진행자** : 네, 오늘은 프란츠 카프카의 변신이라는 작품을 통해 인간소외의 가족사에 대해 존재의 관점에서 읽어보았습니다.*

이렇게 올려진 유튜브 동영상은 나만의 인문고전 독서일기가 되었다. 책에서 얻은 깨달음을 언제든지 느낄 수 있는 보물창고인 셈이다.

SNS를 통해 깨달음을 타인과 나눠라.

독서와 강연을 통해 무엇인가를 배운다는 것은 소중한 보물창고를 채워나가는 것과 같다. 우리는 보물을 다룰 때 남의 눈에 띄지 않게 숨겨놓거나 감추려든다. 하지만 정말 가치 있는 보물은 박물관에 전시해 놓고 많은 사람들에게 알려서 그 보물의 가치를 공유하게 한다. 나는 배움의 소중한 가치는 공유하는 것이 옳다고 믿는다. 구체적으로 페이스북, 블로그, 인스타그램 등을 통해 내가 배우고 깨달은 바를 다른 사람과 공유하라.

깨달음의 지혜는 물리적인 세계의 과학법칙과는 달리 나누면 나눌수록 지혜가 깊어지는 법칙성을 가지고 있다. 둘이 나누면 깨달음이 두 배가 되고, 셋이 나누면 세 배가 된다. SNS를 통해 배움을 나눌수록 시간과 비용은 상대적으로 낮아지게 된다. 그리고 배움의 효과는 효율적으로 증대된다.

페이스북, 블로그, 인스타그램을 통해 배움과 깨달음을 나누고 있는 사람은 수십만 명에 이른다. 그 방대한 숫자만큼 반향이 크다. 감사의 댓글이라도 달리면 이루 말로 할 수 없을 만큼 큰 보람도 느끼게 된다.

최근에는 블로그가 인기를 얻어서 출판이 되는 경우도 적지 않다. 결코 그것을 목적으로 페이스북과 블로그, 인스타그램을 하는 것이 아닌데도 말이다.

책으로 출간되면 인세가 들어온다. 최근에는 책이 팔리지 않는 시대라고들 하지만 반면에 대형 베스트셀러가 탄생하기 쉬운 환경이기도 하다. 백만 부가 넘을 정도로 인기를 끌면 10억이라는 꿈은 금세 현실로 나타난다.

지인 중에 똑같은 영화를 세 번씩 보는 사람이 있다. 처음에 그 말을 들었을 때 이해가 되지 않았다. 아무리 감동적인 영화라도 처음 본 후에는 이미 스토리를 알게 되어 감동이 줄어들 것이라는 생각에서였다. 두 번까지는 그래도 이해할 수 있다고 치자, 세 번 이상 본다는 것은 내 상식으로는 이해가 되지 않았다. 그런데 그 지인의 이야기를 듣고 나서 나 역시 명화는 두 번 세 번 보게 되었다. 지인의 이야기인즉 '좋은 영화는 볼 때마다 다른 관점으로 생각할 수 있어서 매번 흥미롭다'는 것이다.

독서도 마찬가지 이치다. 똑같은 책을 몇 번 반복해서 읽으면 볼 때마다 다른 관점으로 보게 된다. 그래서 새롭게 깨닫는 재미를 느끼면서 독서에 대한 흥미도 늘어나게 된다. 좋은 책은 몇 번을 읽어도 읽을 때마다 얻는 것이 다르다. 독서토론이나 유튜브 영상, SNS를 통해 나의 생각을 나누고, 다른 사람의 생각을 받아들이는 다양한 독서법을 적용하라. 반복해서 읽게 되는 효과를 분명히 체험하게 될 것이다.

지적대화를 위한 인문고전 활용 Tip 10

"되로 받았으면 말로 갚아주는 통쾌한 복수, 귤화위지(橘化爲枳)"

송 작가 직장에서 직접적으로 나를 무시하거나 내 부하를 무시함으로써 간접적으로 나를 무시하는 경우를 당하면 이떻게 대응해야 할까요? 통쾌하게 대응할 수 있는 방법이 없을까요?

김 도사 '되로 받았으면 말로 갚아주라'는 말이 있습니다. 이럴 때는 언중유골(言中有骨)의 비유를 통한 대화법이 한 단계 높은 수준에서 대응하는 방법이라 할 수 있지요.

송 작가 '말 속에 뼈가 있다'는 느낌을 받도록 비유법으로 대화를 하라는 말씀이신가요?

김 도사 네. 맞습니다. 중국 춘추시대 제나라 안영의 언행을 기록한 《안자춘추》에 보면 귤화위지(橘化爲枳)의 일화가 나옵니다. 그 사례가 도움이 될 것 같군요.

제나라의 안자가 사신으로 초나라에 가게 되자 초나라 왕이 계책을 꾸몄다. 부하를 시켜 자신이 안자를 만나고 있을 때 결박한 죄인을 앞으로 지나가게 했다. 그리고 자신이 그 죄인의 죄목을 물을 때 '안자의 나라인 제나라 사람'이라고 대답하도록 시켰다. 계획한 대로 초나라 왕과 안자가 만나고 있을 때 결박한 죄인이 지나가자 초나라 왕이 물었다.

"그 죄인은 무슨 까닭으로 그렇게 된 것인가?"

"이 자는 제나라 사람인데 도둑질을 하다가 붙잡혔습니다."

초나라 왕이 안자에게 비웃는 표정으로 물었다.

"귀국 제나라 사람들은 모두 도둑질에 능한가 봅니다."

그러자 안자가 대답했다.

"제가 듣기로 귤나무가 회수 남쪽에 있으면 귤이 열리지만, 회수 북쪽에서 자라게 되면 탱자가 열린다고 합니다. 그 이유는 물과 흙의 풍토가 다르기 때문이지요. 저희 제나라 백성이 제나라에서 태어나 자랄 때는 도둑질이라고는 몰랐습니다. 하지만 초나라에 건너오면 모두 도둑질을 하게 되니 초나라 풍토가 도둑질을 하게 만드는 것은 아닌지요?"

안자는 귤화위지(橘化爲枳: 강남의 귤을 강북에 심으면 탱자가 된다)로 초나라 왕이 되로 준 것을 말로 갚아주었습니다. 상대가 공격했던 말을 그대로 받아서 공격을 한 거죠. 초나라 왕을 꼼짝 못하게 만드는 통쾌한 복수를 한 겁니다.

상대가 의도적으로 자극을 할 때 당황하거나 감정적으로 반응하면 상대의 의도에 말리게 됩니다. 그럴 때는 안자처럼 상대가 했던 말을 역이용해서 반격하면 지혜롭게 대처할 수 있습니다.

05

항상 인문고전 2권을 지니고 다녀라

시간이 해결해 준다는 말이 있긴 하지만,

실제로 일을 변화시켜야 하는 것은 바로 당신이다.

– 앤디 워홀 –

항상 읽을 준비를 하라.

"책을 많이 읽을 수 있는 방법이 있다면 알려주십시오."

"간단합니다. 항상 손이 닿는 곳에 책을 놓아두면 됩니다. 제가 아는 지인은 항상 세 권 이상의 책을 동시에 읽습니다. 한 권은 집무실 책상 위에, 한 권은 침대 머리맡에, 또 한 권은 가방 안에 넣고 다니며 틈틈이 읽는 것입니다."

《배움을 돈으로 바꾸는 기술》의 저자 이노우에 히로유키의 말이다. 그는 이제까지 읽었던 책 중에 좋았거나 도움이 된 책은 반드시 손닿는 곳에 놓아둔다고 한다. 그랬더니 더 이상 놓아둘 공간이 부족해서 바닥에 쌓아 올렸더니 걸어 다닐 공간조차 없어져 버렸다고 한다. 결국 다른 곳에 서고를 증축해야만 했다고 한다.

그는 배움에 대한 책은 인생 책으로 분류해서 항상 손길이 닿는 곳에 놓아두라고 말한다. 다른 공부를 하다가도 '아, 지난번에 봤던 책 내용과 같은데!' 또는 '어쩐지 연결되는 내용인 듯한데!'라는 생각이 들면 금세 전에 봤던 책을 꺼내들고 다시 읽는다고 한다. 외출할 때는 최소한 세 권 이상의 책을 가지고 나간다. 사두고 읽지 않은 책이나 이전에 읽었던 책이 등장할 기회라고 한다.

나 또한 출퇴근 시 항상 인문고전 2권을 지니고 다닌다. 이동시간은 바쁜 사람에게 최고의 독서시간이기 때문이다. 지하철이나 버스 안에서 대부분의 사람들이 스마트폰으로 뉴스를 보거나 게임을 하는 모습을 볼 수 있다. 나는 스마트폰 대신 인문고전 책을 꺼내서 읽는다. 만약 서서 가게 되는 상황에서는 스마트폰으로 책 읽어주는 오디오 북을 듣는다. 어떻게 해서든 상황을 고려해서 책을 읽는 시간으로 만든다. 이렇게 책을 읽는 과정에서 평상시 고민하던 문제의 해답이 책 속에서 보여지기도 한다. 그래서 항상 읽을 준비를 하고 다녀야 한다.

동시 다발적으로 읽어라.

"어떤 독서법 관련 책을 보면 '책을 여러 권 동시에 읽어라'고 하던데 그래도 되나요?"

"네, 그래도 됩니다. 무조건 한 권 읽고 나서 다음 책을 읽는 독서법보다 여러 권을 동시에 읽는 방법이 오히려 더 좋다고 생각합니다. 우리 인생도 마찬가지거든요. 하나가 끝나면 다음 하나가 시작되는 게 아니라 항상 동시에 존재하는 것들이 많습니다."

지인이 나에게 독서법에 대해 질문을 했는데 그는 성격상 동시에 여러 가지를 못하는 인물이었다. 그래서 독서를 할 때도 항상 한 권을 제대로 이해해야 다음 책을 보는 독서습관을 가지고 있었다. 그래서 나는 웨인 다이어 작가의《우리는 모두 죽는다는 것을 기억하라》에 나오는 '동시다발적으로 존재하라'라는 부분을 읽어주었다.

불행의 이유는 간단하다. 즐기지 못해서다. 얻는 데 너무 에너지를 쓰느라, 정작 그것을 손에 넣었을 때 온전히 즐기지 못해서다. 그럼에도 우리는 늘 착각에 빠진다. 뭔가를 얻지 못해서 불행하다고. 순례길에서 만난 한 지혜로운 여행자는 내게 이렇게 말한 바 있다.

"나는 평생을 '그 다음은 뭘 해야 하지?'라는 질문의 답을 찾느라 정말 바빴어요. 그러던 어느 날 문득 깨달았죠. 인생이란 게 산을 오르는 것처럼 순차적으로 계단을 오르는 일이 아니라는 것을요. 산은 더 이상 오를 곳이 없는 정상이 있기 때문에 한 계단 한 계단 오르는 전략이 유용하죠. 하지만 인생은 절대 그렇지 않아요. 인생을 사는 가장 현명한 전략은, '동시에 존재하는 것'입니다. 인생의 모든 것은 출발선인 동시에 결승선이고, 입구인 동시에 출구이고, 진입로인 동시에 정상이죠. 시작과 동시에 끝입니다. 우리는 우리가 어느 특정한 한 곳에 존재한다고 생각하지만, 착각입니다. 우리는 이 세계 모든 곳에 동시다발적으로 존재합니다. 아니, 존재

해야 합니다. 그 다음은 없어요. 우리는 가능성인 동시에 완성태입니다.”

항상 동시다발적으로 존재한다는 생각을 하라는 이야기다. 사고의 전환을 독서로 옮겨보면 같은 이치라는 생각이 든다. 한 권 한 권 순차적으로 읽는 방법도 있지만 지식과 지혜의 확장이라는 차원에서 보면 동시에 여러 권 읽는 방법이 우리 인생과 닮아 있다. 개인적인 경험으로는 ‘동시 여러 권 독서’가 훨씬 더 많은 깨달음과 지식의 연결점을 만들어 주었다고 본다.

번갈아 가며 읽어라.

인간의 집중력은 얼마나 오랫동안 지속될 수 있을까? YTN 〈생활의 정석〉의 ‘집중력 높이는 방법’이라는 방송에 의하면 요즘 사람들의 집중력은 평균적으로 8초라고 한다. 금붕어의 기억력이 9초라고 하는데 인간의 집중력은 금붕어의 기억력보다 짧다는 말인가? 물론 몰입의 정도에 따라 30분이고 1시간이고 시간 가는 줄 모르는 경우도 있다. 새로운 것을 대했을 때 8초 정도의 집중력이 발휘되고 이후에는 각자의 상황과 성격에 따라 달라진다는 내용이었다.

항상 2권의 책을 지니고 다니는 이유가 바로 여기에 있다. 상황에 따라 독서 집중도가 저하되는 경우를 대비하라는 것이다. 새로운 책으로 새로운 집중력을 발휘하면 계속해서 독서를 할 수 있다. 같은 주제의 책을 읽거나 전혀 다른 주제의 책을 읽어도 무방하다. 같은 주제의 책을 읽을 경우 앞서 읽었던 책과 비교하는 독서가 가능해서 흥미를 유지할 수 있다. 예를 들어 독서법에 관한 책을 두 권 준비해서 읽는다고 보자. 첫 번째 책에서는 다독과 핵심만 골라 읽는 발췌독에 대해 이야기하고 있다면 두 번째 책에서는 정독과 생각하며 읽는 법을 이야기할 수 있다. 이런 경우 각각의 장단점을 비교하는 관점으로 읽게 되면 다시금 집중도를 향상시킬 수 있다. 어느 저자의 이야기가 내 마음을 더 움직이게 만드는지 메모하면서 읽으면 재미도 더해진다.

다른 주제의 책을 읽는 경우도 마찬가지다. 한 권은 독서법에 관한 책이고, 한 권은 인문고전 명작소설이라고 생각해 보자. 인문고전 소설을 읽으면서 앞뒤이야기가 연결이 안 되고 이해력이 떨어지는 상황이면 독서법 책으로 갈아탄다. 독서법을 읽다보면 여러 가지 방법을 제시하고 있고 그 방법대로 다시 소설을 읽어보면 상황을 이해하는 데 도움이 된다. 번갈아 가며 읽는 방법의 장점이다.

현대인들은 한 가지 상황이 주어졌을 때 집중할 수 있는 시간이 매우 짧다고 한다. 금붕어의 기억력 9초보다 짧은 8초다. 책을 읽다가 집중력이 떨어지면 다른 행동을 하게 된다. 스마트폰으로 게임을 하거나 페이스북, 인스타그램, 유튜브, 인터넷 검색 등 독서를 방해하는 행동으로 이어지게 된다. 그래서 항상 2권 이상의 책을 지니고 다니면서 집중력이 떨어질 때를 대비해서 갈아타는 독서를 할 수 있는 여건을 만들라는 것이다.

회의 시작 전 대기시간이나 공항, 터미널 등에서 기다리는 시간은 내가 책을 읽을 수 있는 시간으로 생각되어 기쁘고 설레기까지 한다. 다음에 무슨 내용이 이어질까, 어떤 문장이 나에게 깨달음을 줄까 생각하면 설레지 않을 수 없다. 이때를 위해 항상 2권 이상 책을 지니고 다녀라. 다독이 정답이라는 말이 아니다. 언제 어디서나 책을 읽을 수 있는 준비를 하고 다니라는 말이다. 집중도가 떨어지더라도 다시 올릴 수 있는 준비를 하라는 것이다. 내 가방 속에는 지혜의 산삼이 두 뿌리 이상 들어 있다. 언제든지 필요할 때 힘이 될 수 있는 준비가 항상 되어 있다.

지적대화를 위한 인문고전 활용 Tip 11

"어리석은 질문에 현명하게 대답하라, 우문현답(愚問賢答)"

우리는 때로 상사로부터 너무나 당연한 질문을 받을 때가 있습니다. 예전에 군 복무 시절 대대장이 회식자리에서 "나한테 얼마만큼 충성하나?"고 물은 적이 있습니다.

중대장 3명은 너무나 뻔한 질문에 당황스러웠죠.

고참 중대장순으로 대답을 했는데 제일 고참은 "절대복종, 절대충성입니다"라고 대답했습니다. 그 다음 중대장은 "오직 대대장님께만 충성합니다"라고 대답했습니다.

저는 이 어리석은 질문에 어떻게 현명하게 대답할까 고민했습니다. 다행히 제가 마지막에 대답할 수 있어서 생각할 시간을 벌었죠. 그래서 이렇게 대답했습니다.

"그럴 일은 없겠지만 만약 대대장님이 사단장님을 쏘라고 하면 쏠 수 있습니다." 잠시 적막함이 흘렀습니다.

고참 중대장 둘은 뻔한 대답이 나올 줄 알았는데 '이건 뭔 개소리야!' 하는 눈치였습니다. 하지만 대대장은 호탕하게 웃었습니다. 그리고는 흡족한 표정으로 "쉿, 딴 데 가서는 그 말 하지 마라." 그리고 다시는 그런 종류의 질문을 하지 않았습니다.

우문현답(愚問賢答)의 예를 하나 더 들어보겠습니다. 어느 스님의 일화입니다. 똑똑하게 생긴 아이가 손에 작은 새를 쥐고 스님에게 물어보았습니다.

"스님, 이 새가 죽은 걸까요? 살아 있는 걸까요?"

그러면서 스님이 살아 있다고 하면 힘을 줘서 죽여 버리고 죽었다고 하면 손을 펴서 날려 보내야지 하고 생각하고 있었습니다. 스님이 웃으면서 대답했습니다.

"얘야, 그 새의 생사는 네 손에 달렸지, 내 입에 달린 게 아니구나."

아이는 새를 날려 보내면서 스님의 지혜에 감탄하였다고 합니다.

하버드 대학의 교육목표 중 하나는 '따분하지 않은 사람으로 키우는 것'이라고 합니다. 대화도 마찬가지입니다.

뻔하고 지루한 질문을 받았을 때 뻔한 대답을 하기보다는 유머, 비유, 반전 등의 기법을 통해 듣는 사람에게 뜻밖의 즐거움을 주는 우문현답(愚問賢答)을 연습해보시기 바랍니다.

06

나만의 생각을 담은 보물지도를 만들어라

지금 어디로 가고 있는지 모른다면 조심하라.

엉뚱한 곳으로 갈지도 모르니까.

– 요기 베라 –

성공한 사람들은 결실을 맺은 모습을 미리 상상했다.

“나의 성공 비결은 계획이 완성된 것을 머릿속으로 보는 능력이 있었기 때문입니다.”

미국의 석유업을 일으킨 헨리 플래글러(Hnery Flagler : 1830~1913)의 말이다. 그는 눈을 감고 거대한 석유 산업을 상상했다. 기차가 레일 위를 달리는 것을 보고, 기적이 울리는 것을 듣고, 연기를 본다고 했다.

오시마 준이치의 《커피 한잔의 명상으로 10억을 번 사람들》이라는 책에 보면 ‘성공한 실업가들은, 자신의 사업이 성공한 상태를 머릿속으로 미리 선명하게 그렸던 사람들이다’라는 표현이 나온다. 그는 세계적인 정신의학자이자 잠재의식의 권위자인 조셉 머피 박사의 강연 중 어록이나 저서에서 가장 중요한 핵심 100가지를 간추려서 실제 사례를 분석했다. 그리고 성공한 실업가들의 공통적인 성공 이유는 바로 상상의 힘이라고 말했다.

소원이 성취된 것을 실제로 그려보고 믿게 되면 잠재의식은 그것을 실현시켜준다. 목표를 명확히 상상하면 잠재의식이 기적같이 우리의 소원을 실현시키는 것이다. 성공한 사업가들을 보면 이전부터 자신의 사업이 번창한 상황을 구체적으로 그리는 사람들이다. 그것이 실현되는 과정 역시 잠재의식에 계속해서 집어넣어 왔던 사람들이다. 그들은 목표를 향해 이끌리듯 나아가는 사람들이다.

또 위대한 학자가 된 사람도 한때는 교수 밑에서 적은 급료를 받으며 지내던 조수 시절이 있었다. 학자가 될 정도라면 머리가 나쁘지 않을 테니 얼마든지 다른 일을 찾을 수도 있었을 것이다. 그런데도 불구하고 가정도 건사할 수 없을 만큼 적은 보수를 받고도 불만 없이, 의식주를 절약해가며 책을 사서 공부에 열중했던 것은 무엇 때문일까?

그들은 자신이 훌륭한 학자가 되어 연구에 몰두하는 모습이나, 학생들 앞에서 강의하는 모습이 눈에 보였기 때문이다. 또는 자신의 연구 성과가 잡지나 책이 되어, 같은 학문을 연구하는 사람에게 읽히고 비평될 때의 짜릿한 기쁨을 느낄 수 있기 때문이다.

어느 분야에서나 성공한 사람은 큰 결실을 맺은 모습을 미리 마음속에서 선명히 본 사람이라는 것을 잊지 마라.

아인슈타인은 "상상력이 지식보다 더 중요하다"라고 했다. 성공한 사람들은 결말의 시점에서 이미 완성된 모습을 상상력이라는 도구로 잠재의식에 각인시킨 것이다. 그리고 각인된 잠재의식이 현실의식을 이끌어서 소원을 성취시키는 사이클을 반복했다. 이것이 이치고 원리다.

우리는 모두 죽는다.

"시간을 지배하는 자가 인생을 지배한다."

시간을 효율적으로 쓰는 사람의 인생은 그냥 흘러가는 삶이 아니라 스스로 지배하는 삶을 산다. 웨인 다이어(Wayne W. Dyer) 박사는《우리는 모두 죽는다는 것을 기억해야 한다》에서 이렇게 말했다.

"삶이 바뀌는 유일한 순간이 있다. 우리는 모두 죽는다는 것을 알아차렸을 때다. 그리하여 마침내 잠들어 있던 내 영혼이 천천히 눈을 뜰 때다."

웨인 다이어(Wayne W. Dyer) 박사는 죽음을 항상 기억하고 살아야 함을 강조하고 있다.

우리는 언제나 영원히 살 것처럼 일하고, 영원히 살 것처럼 고민하고, 영원히 살 것처럼 불안해하고 두려워한다. 영원히 살 것처럼 생각하고 행동하고 먹고 마신다. 하지만 죽음은 언제나 우리 코앞에 있다. 그 사실을 일깨워 우리의 삶을 '영원히'에서 '지금 당장'으로 변화시켜야 한다.

그래서 우리는 유한한 인생을 생각해야 한다. 죽음을 항상 기억해야 한다. 그리고 나에게 주어진 '인생을 어떻게 살 것인가?'라는 질문으로 인생로드맵을 만들어야 한다. 인생로드맵에는 우리가 이루고자 하는 소원이 들어가야 한다. 마치 인생길에서 보물을 찾듯이 보물지도를 만들 필요가 있다.

나만의 보물지도를 만들어라.

아는 지인 중에 대기업 인사팀에서 근무하다가 갑자기 사직서를 내고 퇴사한 J라는 젊은 친구가 있다. 29살의 나이에 남들이 부러워하는 대기업을 박차고 나왔다. 어느 날 J가 나를 찾아와서 고민이 있다고 했다.

"선배님. 아무래도 회사를 그만 두어야 할 것 같습니다." "아니 왜? 그 좋은 직장을 왜 그만 둬? 회사에서 무슨 일 있었어?" "그건 아닙니다만 제가 생각했던 직장 생활이 아니었습니다. 더 중요한 건 제가 꿈을 잃어버리고 살게 되었다는 겁니다. 그래서 오랜 시간 고민을 했습니다." "그럼 퇴사해서 무얼 하려고?" "국제 인권 변호사가 되려고 합니다. 제 꿈이었거든요."

나는 그 후배의 생각이 아주 굳고 신념에 차 있다는 것을 느꼈다. 그는 한 번 한다면 무슨 일이 있어도 해내는 성격이다. 1년 후 J로부터 연락이 왔다. 로스쿨 선발 시험에 합격했다고 했다. 나는 축하해주며 반드시 꿈을 이룰 것이라고 격려해 주었다.

어제와 다른 생각 중에는 인생의 방향을 바꾸는 것도 있다. 다만 그 꿈은 전혀 없던 것에서 새롭게 나타난 것은 아니다. 잊고 있었던 꿈을 다시 찾은 것이다. 어떻게 보면 후배 J는 어제와 다른 생각을 통해 어릴 적 꿈을 다시 찾은 것이라고 볼 수 있다.

나는 후배 J의 도전을 보며 나의 꿈에 대해 다시 생각했다. 그리고 버킷 리스트 50개를 작성했다. 목표를 완성했을 때의 모습을 생각하며 시각화하는 작업을 했다. 먼저 목표 완성 후의 모습이 가장 잘 표현된 사진을 모았다. 그리고 그 사진들을 사진 파일로 저장해서 PPT로 옮겼다. 자르기와 붙이기 몇 번의 편집을 거쳐 '나의 보물 지도'를 완성했다. 완성된 보물 지도를 20장 프린트해서 코팅을 했다. 화장실에 한 장, 침대 머리맡에 한 장, 책상 위에 한 장, 차 안에 한 장, 사무실에 두 장……. 내 생활 반경 내에서 가장 눈에 잘 띄는 곳에 보물 지도를 부착했다. 심지어 책갈피로도 만들어서 책을 볼 때마다 시각화로 활용했다. 거울 옆에 붙어 있는 나의 버킷 리스트 50 보물 지도를 보며 두 개의 고사성어가 생각났다. 日新又日新(일신우일신), 日就月將(일취월장). 나는 어제와 다른 생각으로 매일 성장하는 삶을 살고 있다.

'나는 누구인가? 어떻게 살 것인가?'를 고민하라. 그리고 내 생각을 담은 인생로드맵을 그려라. 인간은 언젠가는 죽음을 맞이하게 된다. 영원히 무한할 것 같지만 유한한 존재인 것을 항상 자각해야 한다. 그리하면 왜 인생의 로드맵이 필요한지 알게 될 것이다. 그냥 되는대로 막 사는 인생이 되면 결국 후회하게 된다. 그래서 내 꿈을 담은 인생로드맵이 필요하다. 마치 인생이라는 망망대해에서 내가 가고자 하는 목적지를 그려놓은 보물지도처럼 말이다.

지적대화를 위한 인문고전 활용 Tip 12

"직장 상사에게 하지 말아야 할 대화법 3가지, 조(躁), 은(隱), 고(瞽)"

송 작가 직장에서 윗사람이 하는 질문에는 딱 두 가지 유형이 있다고 합니다. 첫째는 정보를 얻기 위해 묻는 것이고, 둘째는 자신이 듣고 싶은 말을 듣기 위해서라고 합니다. 이럴 때 꼭 챙겨두어야 할 대화법이 있다면 무엇일까요?

김 도사 첫 번째 질문인 정보를 얻기 위한 질문이라면 자신이 알고 있는 바를 충실히 전달해야겠지요. 다만 알지 못하면서 아는 것처럼 말하면 화를 초래합니다. 두 번째 자신이 듣고 싶은 말을 듣기 위한 질문이라면 상사의 마음을 정확하게 읽고 그가 원하는 대답을 하는 지혜가 필요합니다. 사실 두 번째가 참 어려운 대화가 될 겁니다. 상사의 의도를 모르면 동문서답(東問西答)이 되니까요.

《논어》 '계씨(季氏)' 편에 보면 군자에게 하지 말아야 할 세 가지 잘못된 대화가 있는데 그 이야기가 도움이 될 것 같군요.

공자께서 말씀하셨다. "군자를 모실 때 저지르기 쉬운 세 가지 잘못이 있다. 말할 때가 되지 않았는데 말하는 것을 조급(躁急, 성급할 조, 급할 급)하다고 한다. 말해야 할 때가 되었는데도 말하지 않는 것을 속마음을 숨긴다(隱, 숨을 은)고 한다. 얼굴빛을 살펴보지도 않고 말하는 것을 눈뜬장님(瞽, 장님 고)이라고 한다."

즉, 알지도 못하면서 성급하게 아는 체 하면 올바른 정보전달이 되지 않고, 알면서도 말하지 않는 것은 다른 흑심을 품고 있는 것으로 보이게 되어 화를 당하며, 얼굴빛을 살피지 않고 상대의 마음조차 읽지 못하면 갑갑한 말만 하게 되는 거죠.

송 작가 한마디로 조은고(躁, 隱 ,瞽)를 모르면 나쁘고가 되겠네요. 눈뜬장님이라는 말이 와닿는 분들도 많이 계실 것 같고요. 결국 사람의 마음을 아는 것이 중요할 것 같습니다.

김 도사 심리학 용어 중에 '래포(rapport)'라는 말이 있습니다. 우리가 흔히 '마음이 통한다'라고 말할 때 그것이 바로 래포(rapport)인데요. 아무리 말을 잘하는 사람이라도 상대방의 마음과 감정을 읽고 같은 생각으로 말하는 사람을 이기지는 못합니다. 이심전심(以心傳心, 마음에서 마음으로 뜻이 통함) 이란 말도 여기에 해당할 수 있겠죠.

제3장
생각의 노예가 되지 않는 생각하는 인문학

01

생각의 노예로 산다는 것

지금의 나와 다른 내가 되고 싶다면 지금의 나에 대해서 알아야 한다.

– 에릭 호퍼 –

나를 잃어버린 집착의 노예

"아내와 두 아들을 볼 기회가 별로 없어서인지 가족의 느낌도 잃어버렸다. 옛 친구들과도 연락이 끊겼다. 심지어 내 자신의 모습도 보이지 않았다. 업무상 필요에 의해 보이는 내 모습 외에 다른 모습은 찾아볼 수 없었다."

이 글은 《부유한 노예》의 저자인 로버트 라이시가 그의 책에서 고백한 내용이다. 그는 미국 클린턴 행정부 시절 노동부 장관직을 수행하다가 가정사를 이유로 돌연 사직서를 내서 화제가 된 인물이다. 그의 사직 이유는 아주 단순한 것이었다. 일에 치여 잃어버린 가족을 찾겠다는 것이었다. 그의 이런 행동은 사회에 큰 파장을 불러일으켰다. 생계를 꾸려갈 것인가? 삶을 꾸려갈 것인가? 많은 사람들이 고민하기 시작했다. 승진에 눈이 멀어 가족이 행복해질 수 있는 시간을 희생하게 만든 사람들, 그들은 승진에 집착하는 생각의 노예다. 그들은 부유하게 살게 되어도 내가 없는 부유한 집착의 노예일 뿐이다.

집착하는 사람들은 사회가 요구하는 기준에 나를 집어넣고 복종하는 사회기준의 노예이다. 모든 것을 일에 바쳐야 하고 빠른 승진을 보장받기 위해 고객과 함께 밤늦게까지 일하면서 항상 대기해야 한다. 또 많은 사람을 만나 인맥을 다져야 하며 끊임없이 소개되는 신기술과 보조를 맞추어야 하는 고달픈 일상을 살아간다. DINS(Double Income No Sex)는 부부가 맞벌이를 하면서 성관계를 가지지 않는다는 뜻인데 침대에서 잠자는 것 외에 다른 것을 못할 정도로 항상 피곤에 절어 있는 맞벌이 부부의 상황을 압축적으로 나타내주는 말이다. 다시 한 번 생계를 꾸려갈 것인지, 삶을 꾸려갈 것인지, 그 균형에 대한 요구가 절실해지는 시대다.

나 역시 승진에 집착하는 인생을 살았다. 새벽에 출근하면 아이들은 잠들어 있었고, 밤늦게 퇴근하면 아이들은 잠을 자고 있었다. 몇 년을 그렇게 보내게 되니까 주말에 아이들과 함께 보내게 되어도 대화가 되지 않을 정도였다. 나는 아이들의 잠든 얼굴을 보며 성장하고 있는 모습을 볼 수 있었지만 아이들은 아빠얼굴을 볼 수 없었다. 하루 일과 중에 틈틈이 아이들이 전화가 오면 바쁘다는 이유로 '다시 전화할게'라고 하고는 잊어버리기가 일쑤였다. 그때는 우둔해서 승진만 하면 모든 것을 보상받을 수 있다고 생각했다. 나만의 착각이었다.

이렇게 살면 안 되겠다 싶어서 휴가를 신청했다. 모처럼 아이들과 놀

이동산도 가고 지친 심신도 쉬어 가려고 했다. 하지만 군인이라는 직업이 내 의지와 상관없이 진행되는 비상 상황이 많다. 결국 비상 상황으로 상황대기 임무를 받고 휴가를 반납해야 했다. 그때 처음으로 군인이라는 직업에 대한 회의를 느꼈다. 당장이라도 때려치우고 싶은 마음이 꿀떡같았다. 하지만 아내의 만류로 실행에 옮기지는 못하고 다시 고달픈 생활을 계속 이어갔다. 지금 생각해보면 왜 생각의 전환을 못하고 시간을 허비했을까 하는 후회가 밀려온다. 남 보기에 좋은 사람, 남의 기준에 나를 맞추고 그걸 목표라고 부르며 나를 불태웠던 젊은 시절. 그렇게 보낸 결과는 허탈한 실패의 늪에서 허우적거리는 내 모습을 보며 신세한탄만 하는 나약한 존재였다. 그래서 생각의 힘이 정말 중요하다는 것이다. 어떤 생각을 하느냐에 따라 행동으로 옮겨지고 행동이 습관이 되어 결국 가치관이 되기 때문이다. 시작 단추를 잘 꿰어야 한다. 시작부터 잘못된 생각과 습관으로 단추를 잘못 꿰었는데 끝에 가서 이가 맞을리 있겠는가? 중간에 알았다고 해도 방향 전환을 하지 못하는 것은 제대로 깨닫지 못하고 계속 자기 합리화에 빠져 있기 때문이다.

생각의 노예에서 벗어나기

야마구치 슈는 《철학은 어떻게 삶의 무기가 되는가?》에서 이런 집착의 노예에 대해 프롬의 '자유로부터의 도피'를 예를 들어가며 다음과 같이 설명하고 있다.

프롬은 자유로부터 벗어나 권위에 맹종하는 길을 선택한 사람들에게서 공통적으로 발견되는 성격, 특성에 관해서도 언급했다. 프롬은 하층 및

중산계급 중에서 나치즘을 반기며 맞이한 이들이 자유로부터 도피하기 쉬운 성격이며 자유의 무게에서 벗어나 새로운 의존과 종속을 추구하는 성향임을 밝히고 이를 '권위주의적 성격'이라고 명명했다. 프롬에 의하면, 이러한 성격을 가진 사람은 권위를 따르기 좋아하는 한편, 스스로 권위를 갖고 싶어 하고 동시에 다른 사람을 복종시키고 싶어 한다. 한마디로 '자신보다 위에 있는 사람에게는 아첨하고 아랫사람에게는 거만하게 구는 인간'이다. 이 권위주의적 성격이 파시즘 지지의 기반이 된 것이라고 프롬은 강조했다.

그렇다면 어떻게 해야 할까? 프롬은 '자유로부터의 도피' 마지막 부분에서 다음과 같이 말했다.

'인간이 이상으로 여기는 개인의 성장과 행복을 실현하기 위해서는 자신을 분리할 것이 아니라, 스스로 매사를 생각하고 느끼고 이야기하는 것이 중요하다. 더욱이 무엇보다도 꼭 필요한 것은 자신 그대로의 모습으로 살아가는 데 용기와 강인함을 지니고 자아를 철저하게 긍정하는 일이다.'

현대를 살아가는 우리는 에리히 프롬으로부터 무엇을 배워야 하는가? 우리는 직장이나 보살펴야 할 가족 등의 속박에서 벗어나 자유롭게 살고 싶은 욕구가 있다. 하지만 다른 사람의 시선을 두려워하면서 착한 남자, 착한 여자, 성공한 남자, 성공한 여자로 살기를 또한 원한다. 그런데 정말 직장이나 가족에 얽매이지 않고 자유롭게 살면 행복한 삶이 될 것인가?

프롬의 분석에 의하면 이는 개인의 자아와 교양의 강도에 달려 있다는 것이다.

어떤 사람은 자신이 어디에 소속되어 있느냐에 따라 안정감을 느끼며 행복한 삶이라고 생각하고, 또 어떤 사람은 소속감에서 주는 안정감보다 자신의 의지대로 사는 삶이 행복한 삶이라고 생각하기도 한다. 여러분은 어느 유형에 속하는가? 첫 번째는 '노예로서의 삶을 살아도 책임은 지지 않으니까 마음 편해'라는 사람이다. 두 번째는 '책임과 고독이 나의 인생을 파고들더라도 내가 주인이 되는 삶이 더 행복해'라는 사람들이다. 이렇게 우리에게 주어진 자유는 노예로서의 삶과 주인으로서의 삶이라는 두 가지로 구분되어진다. 무엇이 옳다고 말하기는 어렵다. 지적인 성장을 위한 노력을 하지 않더라도 노예의 삶이 편한 사람이 있기에 잘못되었다고 할 수는 없다.

플라톤의 이데아는 이상 국가를 지배계층과 노예계층으로 구분하여 태어나고 성장하면서 '그 신분에 맞는 삶의 조건을 부여하고 그런 삶이 천직이다, 하늘의 이치다'라고 주장했다. 그 당시에는 그것이 이상국가의 모습이었다. 인도의 카스트 제도를 보면 '불가촉 천민 계층'들은 자신에게 주어진 신분을 그대로 수용하면서 '이번 생은 그렇고 윤회사상에 의해 다음 생에는 지배계층의 삶을 살 수 있으니 손해 볼 것은 없다'라고 생각한다.

로버트 슈워츠의 《웰컴투 지구별》이라는 형이상학 책이 있다. 이 책의 핵심 내용은 지구에 사는 모든 사람들은 전생에 '나는 다음 생을 어떻게 살아보겠다'고 미리 계획을 세운다고 한다. 그래서 지금의 삶은 전생에 내가 만들어 놓은 시나리오대로 진행되는 것이라고 한다.

에리히 프롬의 《자유로부터의 도피》, 플라톤의 《국가론》, 로버트 슈워츠의 《웰컴투 지구별》의 전생이야기 등 어떤 이야기가 되었든지 간에 현대를 살아가는 우리는 스스로 선택해야 하는 철학적 딜레마에 봉착해 있다. 여기서 나는 과감하게 주장하고 싶다. 노예의 삶에 빠져 있지 말고 주인으로서의 삶을 살기 위해 생각을 바꿔라. 그리고 나를 찾아라. '나는 누구인가? 어떻게 살 것인가?' 이 질문만으로도 나는 더 이상 노예의 삶이 아니라 주인의 삶을 살 수 있다.

지적대화를 위한 인문고전 활용 Tip 13

"분노를 재치 있는 농담으로 전환시키는 지적인 대화"

입에서 나온 말은 주워 담을 수 없습니다. 그래서 항상 주의할 필요가 있죠. 어떤 사건이 발생했을 때 감정적으로 반응하면 잃는 것이 많습니다. 반면에 상황을 정확하게 판단하고 재치 있는 발언을 함으로써 위기를 호기로 바꾸는 사람도 있습니다.

엄지손가락을 치켜들며 "I will be back"이라는 대사로 유명한 배우 아놀드 슈왈제네거가 캘리포니아 주지사 선거에 나섰을 때의 일입니다. 유세를 하던 중에 관중이 날계란을 던졌죠. 그때 그는 TV 카메라 앞에서 "이제 베이컨을 받을 차례군요"라고 말했습니다. 달걀만으로는 베이컨 에그를 만들 수 없다는 농담 섞인 발언으로 슈왈제네거의 호감도가 크게 올라갔습니다. 만약 그때 그가 분노를 표출하거나 아무런 대응을 하지 않았다면 어떻게 되었을까요? 이처럼 분노를 표출하기 쉬운 상황에서 재치 있는 발언으로 위기를 벗어나는 힘은 매우 높게 평가 받습니다.

링컨이 대통령이 된 후 한 명문가 출신 상원의원이 그를 조롱하는 말을 했습니다. "제가 신은 이 구두는 링컨의 아버지가 만든 구두입니다." 링컨은 순간 비웃음거리가 되어 버렸습니다. 하지만 링컨은 눈물을 흘리며 오히려 고맙다고 말합니다. "의원님, 제가 그동안 잊고 있었던 아버지의 얼굴을 기억나게 해 주셔서 감사합니다. 저도 구두를 조금은 다룰 줄 압니다. 혹시 구두에 문제가 생기면 저에게 가져오세요. 다만 기대는 하지 마시고요. 어깨 너머로 배운 거니까요. 저는 최고의 구두 장인이셨던 아버지를 존경하고 사랑합니다.”

링컨은 어떤 상황에서라도 자신의 감정을 제어할 수 있다는 점을 증명했습니다. 그 결과 리더로서 존경과 신뢰를 받게 되었죠.

지금 분노의 감정으로 일을 그르치려고 하거나 그런 사람을 보고 있다면 아놀드 슈왈제네거와 링컨의 일화를 말해주세요. 냉정함과 지성이 느껴지고 주변에서 웃음을 터트리게 해서 상대방의 공격을 억제할 수 있을 겁니다.

02
창의적으로 생각하는 힘이 필요한 이유

좋은 아이디어를 얻는 최선의 방법은 많이 생각하는 것이다.

– 라이너스 폴링 –

생각의 힘으로 탄생한 인류 역사

역사적인 관점에서 창의적인 생각의 탄생을 추적해보면 단연 유발 하라리의 《사피엔스》에서 그 기원을 찾을 수 있다.

"약 2백만 년 전 지구상에는 원시 인류가 살았다. 당시에는 아무도 이들 원시 인류의 후손이 언젠가 달 위를 걷고, 원자를 쪼개고, 유전자 코드를 해독하며 역사책을 쓰리라는 사실을 상상조차 하지 못했을 것이다."

이 말은 세계적인 역사학자인 유발 하라리가 그의 저서 《사피엔스》에서 한 말이다. 그에 따르면 인간은 생물학적 진화를 거쳐 창의적으로 생각하는 힘에 의해 역사를 발전시켜 왔다고 한다. 뇌 용량이 증가하고 직립보행을 하면서 손으로 도구를 제작할 수 있게 되었으며 이어서 언어가 등장하면서 뒷담화가 시작되었다. 유발 하라리는 이 뒷담화에 주목했으며, 뒷담화의 시작이 공동의 신화를 창조하는 첫 단추였다고 주장한다. 사피엔스는 신화, 즉 픽션을 창조하는 능력 덕분에 점점 더 복잡한 게임을 만들었고 이 게임은 세대를 거듭하면서 더더욱 발전하고 정교해졌다.

유발 하라리는 이렇게 만들어진 신화는 상상할 수 없을 만큼 강력한 힘을 지녔다고 주장했다. 그에 따르면 농업혁명 덕분에 밀집된 도시와 강력한 제국이 형성될 가능성이 열렸고 사람들은 위대한 신들, 조상의 땅, 주식회사 등등의 이야기를 지어냈다. 꼭 필요한 사회적 결속을 제공하기 위해서였다.

인간의 상상력은 신화창조에 이어 철학적 사고를 하면서부터 오늘날의 법률, 제도, 사회구조, 경제시스템을 발전시켜왔다. 생각의 힘으로 인류 역사가 탄생한 것이다.

창의적인 생각의 힘이 필요한 이유

시대가 요구하는 '생각하기'를 우리는 어떻게 할 수 있을까? 사람이 철학적 사고를 한다는 것은 무엇인가? 철학적 사고를 하면 창의적으로 생각하는 힘이 길러질 수 있는가? 수많은 질문이 꼬리에 꼬리를 물게 된다. 나는 이런 생각들 중에서 '어떻게'에 초점을 맞추고 분석하기 시작했다.

《철학은 어떻게 삶의 무기가 되는가?》의 저자 야마구치 슈는 "철학의 역사는 모두 지금껏 세상에서 상식으로 인식되거나 당연하다고 여겨진 일들에 대한 비판적 고찰의 역사다"라고 했다. 지금 시대는 경영자든,

일반 직장인이든 간에 철학을 통해 비판적 사고의 핵심을 배워야 한다.

일반적인 사고의 기준으로 보면 우리는 악한 행동을 꺼려하고 선한 행동을 장려한다. 그러나 역사를 보면 비판적 사고를 하지 않고 스스로 생각하기를 포기한 사람은 악인이 될 수 있다는 사실을 많이 볼 수 있다. 대표적으로 세계 2차 대전 당시 독일 나치의 유대인 학살을 들 수 있다. 미국의 철학자 한나 아렌트(Hannah Arendt, 1906~1975)는 유대인 학살의 주도적인 역할을 한 아이히만의 사례가 비판적 사고를 하지 않고 악인이 된 사례라고 제시하고 있다.

나치 독일이 유대인 학살 계획을 꾸밀 때 600만 명을 '처리'하기 위한 효율적인 시스템 구축과 운영에 주도적 역할을 한 아돌프 아이히만은, 아르헨티나에서 망명 생활을 하다가 1960년 이스라엘 정보기관인 모사드에 체포되어 예루살렘에서 재판을 받고 처형되었다. 그때 연행된 아이히만의 풍모를 본 관계자들은 큰 충격을 받았다. 그가 너무나도 평범한 사람이었기 때문이다. 아이히만을 연행한 모사드의 스파이는 나치 친위대 중령으로 유대인 학살 계획을 지휘하던 최고 권위자 아이히만이 냉철하고 건장한 게르만의 전사 모습을 하고 있을 것으로 상상했던 모양이지만, 실제로 마주한 그는 무척 왜소하고 기가 약해 보이는, 지극히 평범한 인물이었다.

《철학은 어떻게 삶의 무기가 되는가?》 p.98 인용

아이히만은 재판에서 자신의 유죄를 인정하지 않았다. 자신은 유대인 학살에 책임이 없다고 항변했다. 그의 항변 논리는 이러했다.

"나는 군인이었다. 그리고 단지 명령에 따랐을 뿐이다. 군인이 상부의 명령대로 행동하는 것이 왜 유죄인가?"

아이히만 재판 당시 재판의 증인으로 출석했던 아우슈비츠 수용소 생존자 예이엘 디부르는 아이히만을 보고 그 자리에서 기절했다고 한다. 그가 정신을 차리자 재판장이 그에게 물었다.

"과거의 악몽이 되살아났습니까?"

"아이히만이 저렇게 평범한 사람이었다니... 저토록 평범한 사람이 그 많은 사람들을 가스실로 몰아넣었다니... 내 안에도 아이히만이 있을지도 모른다는 생각에 충격을 받았습니다."

한나 아렌트는 아이히만이 유대 민족에 대한 증오나 유럽 대륙에 대한 공격심이 아니라, 그저 단순히 출세하기 위해서 자신에게 주어진 임무를 충실히 수행하고자 그 무서운 범죄를 저지른 경위를 방청하고 나서 최종적으로 이렇게 정의했다.

"시스템을 무비판적으로 받아들이면 악이 된다."
"그 행위가 아무리 괴물 같아도 그 행위자는 괴물 같지도, 악마적이지도 않았다. 우리 모두의 안에는 아이히만이 있다."

아렌트는 평범한 우리도 시스템을 무비판적으로 받아들이면 나도 모르게 악을 저지를 수 있다고 했다.

우리는 지금 주어진 시스템에 따라 살아가고 그 안에서 생각하기를 반복한다. 과연 얼마나 많은 사람들이 현재의 시스템에 문제의식을 가지고 내재된 위험을 비판적 태도로 바라보고 있을까? 스스로 생각하지 않으면 시스템의 노예가 되어버리고 만다. 원시 인류의 뒷담화가 신화 창조의 첫 단추가 되었듯이 더 발전된 형태로 시스템이 대체되어야 진화할 수 있다.

스스로 생각하기를 포기한 사람은 누구나 아이히만처럼 될 가능성이 있다. 정도의 차이는 있지만 우리의 일상에서도 이와 유사한 사례들은 얼마든지 많이 볼 수 있다. 예를 들어 정부 각 부처 예산 중에 연말까지 집행하지 못한 예산이 있으면 다음 해에 그만큼 예산이 삭감되니까 필요하지도 않은 각종 사업을 벌여놓고 낭비하는 경우가 있다. 이런 문제를 비판적인 사고로 생각해 보자. 만약 절약된 예산을 그 부처의 예비비로 책정해서 보전해준다면 정말 필요한 일에 더 집중할 수 있을 것이다. 시스템의 노예가 되어버린 순간 창의적인 생각은 죽어버리게 된다. 생각하기를 멈추고 그저 시스템에 올라타 그것을 햄스터처럼 뱅글뱅글 돌리는 데만 열심이었던 아이히만과 다를 바 없다. 우리는 인간도 악마도 될 수 있다. 인간이 되느냐, 악마가 되느냐는 시스템을 비판적으로 사고할 수 있는 능력에 달려 있다. 이것이 창의적으로 생각하는 힘이 필요한 이유다.

지적대화를 위한 인문고전 활용 Tip 14

"긴급지원이 필요한 협상에서 인용하면 좋은 말. 학철부어(涸轍鮒魚)"

송 작가 사업이 위기에 처해 긴급한 상황에서 도움이 필요할 때 도와주지 않을 거면서 괜히 허풍만 부리는 사람이 있습니다. 이런 사람에게 일침을 가하고 도와주도록 생각을 바꾸게 만드는 고사성어가 있을까요?

김 도사 학철부어(涸轍鮒魚)라는 고사성어를 인용하면 좋겠네요. '수레바퀴 자국의 고인 물에 있는 붕어'라는 뜻으로 몹시 곤궁하거나 위급한 처지에 있는 사람을 비유해서 이르는 말입니다. 《장자》의 외물편에 나오는 이야기에서 유래된 고사성어인데요. 협상 대상자에게 들려주면 나의 위급한 처지와 상대의 생각을 바꾸는 데 도움이 될 것 같군요.

「춘추시대 학자였던 장자는 가난에 허덕이다 끼니를 잇기도 힘들어지자 감하후를 찾아가서 양식을 구하려고 했다. 그러나 감하후는 "며칠만 지나면 세금이 걷히니 그때 3백금을 빌려 주겠소"라고 말했다. 장자는 당장 먹을 것도 없는데 가능성이 희박한 일을 거론하며 거금을 빌려 주겠다고 거들먹거리는 감하후의 모습에 화가 났다. 이에 큰길가 수레바퀴 자국에 빠져 죽어가는 붕어 한 마리의 예를 들어 말했다. "내가 이리로 올 때 부르는 소리가 있어 돌아보니 수레바퀴 자국 고인 물에 붕어 한 마리가 빠져 숨을 헐떡이며 이렇게 말하더군. '나는 동해에서 파도를 관장하는 해신의 신하요. 한 되의 물만 있으면 살 수 있으니 도와주시오.' 그래서 내가 말했지. '알았다. 내가 지금 오나라 왕에게 가는 길인데 곧 서강의 물을 이리로 끌어와 대어달라고 함세.' 그러자 붕어가 '지금 당장 한 되의 물만 있으면 살 수 있는데, 내가 죽은 뒤에 서강을 끌어온들 무슨 소용이요' 라며 화를 내더군."」

송 작가 처지가 매우 급하고 곤궁한 사람을 도와주려면 그에게 지금 가장 필요하고 현실적인 도움을 주어야 한다는 교훈이네요. 촌각을 다투는 위기 상황에서 겉만 그럴듯하고 말뿐인 거창한 약속은 전혀 도움이 되지 않습니다. 이런 말을 하는 사람에게 학철부어(涸轍鮒魚)는 일침을 가할 수 있는 지적인 표현이 아닐까 생각됩니다. 혹시 이런 사람과 대화 중이라면 학철부어(涸轍鮒魚) 이야기를 해보시기 바랍니다.

03

생각하는 힘은 어디에서 나오는가?

지식은 다른 사람에게 전달될 수 있지만 지혜는 그렇지 않다.

– 헤르만 헤세 –

생각의 기원은 호기심

약 200만 년 전에 인류가 출현했다. 20만 년 전에는 시체를 매장했고 언어가 발달하면서부터 위험을 경고하는 수준의 생각이 나타나게 되었다. 유발 하라리의 《사피엔스》에 의하면 이 언어 능력이 생기면서 생각을 공유하게 되었다고 한다. 고대인들의 생각의 힘은 언어능력에서부터 시작되었다고 할 수 있다. B.C 2000년 경부터는 문자를 활용하면서 좀 더 고차원적인 생각이 가능했다. 문자사용 이후부터는 생각의 산물이 신화가 되었고, 신화는 다시 특정 집단의 단결력과 공동체 의식을 만드는 원동력이 되었다. 고대인들은 신화와 전설을 통해 세상을 해석하고 증명하려고 했다. 고대인들이 생각하는 힘은 호기심이었다. 그 호기심이 신화로 이어진 것이다.

《성경》의 창세기 편에 보면 아담과 이브의 이야기가 있다. 신은 흙으로 아담을 만들었고 아담의 갈비뼈로 이브를 만들었다. 이들은 에덴동산에서 살았다. 신은 아담과 이브에게 선과 악을 알게 하는 나무의 열매를 제외하고 모든 나무의 열매를 먹어도 좋다고 허락했다. 명을 어기고 선악과를 먹으면 죽게 될 것이라고 했다. 하지만 이브는 뱀의 유혹에 넘어가 금단의 열매를 먹고 그것을 아담에게 주었다. 신은 명을 어긴 이들에게 벌을 내렸다. 뱀은 땅바닥을 기어 다니는 벌을, 남자는 생존하기 위해 땀 흘려 노동하는 벌을, 여자는 출산의 고통을 겪는 벌을 주었다.

이브가 신의 경고를 어기면서까지 선악과를 먹게 된 것을 두고 다양한 해석이 있다. 뱀의 유혹에 넘어가는 여자의 나약함이라느니, 어리석은 여자를 두고 한 말이라느니... 나는 그 어떤 해석보다 지극히 인간다운 호기심의 발로였다고 생각한다. 이브의 호기심이 없었다면 인류역사는 다르게 쓰였을 것이다. 선악과의 맛이 너무도 궁금했기 때문에, 그리고 선악과를 먹으면 죽게 된다는 신의 경고가 '실제로 그렇게 될까?'라는 호기심이 생각을 이끌어내고 결심과 행동으로 이어지도록 했다고 본다. 따라서 최초의 생각의 기원은 호기심에서 시작되었다고 볼 수 있다.

질문이 생각의 힘을 키운다.

"사과는 왜 땅으로 떨어질까?"

"저기, 바람이 지나가는데 왜 보이지 않아요? 또, 구름은 어째서 떨어지지 않아요?"

"이게 과연 나의 최선인가?"

위의 질문들은 차례대로 아이작 뉴턴(1642~1727, 영국의 물리학자, 만유인력의 법칙을 발견한 과학혁명의 완성자), 알버트 아인슈타인(1879~1955, 독일태생 미국의 이론물리학자, 상대성이론), 모차르트(1756~1791, 오스트리아의 음악가)가 자신에게 하는 질문이었다.

인간의 삶뿐만 아니라 과학의 진보 역시 질문에서 비롯되었다. 질문은 생각을 하게 만드는 기폭제다. 생각에 생각을 거듭하면서 깨달음의 경지에 이르게 되는 것이다. 이것이 바로 질문이 가지고 있는 힘이다. 사과가 땅에 떨어지는 현상은 과수원의 농부가 가장 많이 보았을 것이다. 하지만 농부는 사과가 땅으로 떨어지는 현상에 대해 '왜?' 라는 질문 대신 상품가치를 먼저 생각했을 것이다. 질문이 다르니 당연히 따라오는 생각도 다르다.

톨스토이(1828~1910, 러시아의 소설가, 사상가)는 불후의 명저《사람은 무엇으로 사는가》에서 세 가지 질문을 던진다. '사람의 마음에는 무엇이 있는가?, 사람에게 허락되지 않는 것은 무엇인가?, 사람은 무엇으로 사는가?'이다. 그리고 이 질문에 답을 찾아가는 과정을 스토리로 전개해나간다. 이 소설은 동화같은 이야기로, 신의 노여움을 사서 인간세상에 내려온 천사가 구두를 만드는 가난한 부부와 함께 살아가면서 하나님의 세 가지 물음에 대한 답을 하나씩 깨달아 간다는 내용이다. 각각의 질문에 대한 그의 생각을 문학적으로 풀어가면서 사람은 사랑으로 살아가야 함을 이야기 한다. 결국 내 인생에 어떤 질문을 던지느냐에 따라 나의 생각이 결정된다. 생각을 이끄는 것이 질문의 힘이다. 학문과 인생, 과학의 발전 등 모든 것이 질문에서 시작되었다.

의심하고 성찰하면 생각의 힘이 단단해진다.

"싹 다 갈아엎어 주세요.
머리부터 발끝까지
모조리 싹 다
싹 다 갈아엎어 주세요.
나비 하나 날지 않던 나의 가슴에
재개발해 주세요.(이하 생략)"

위 가사는 개그맨 유재석이 '유산슬'이라는 이름으로 부르는《사랑의 재개발》이라는 노래다. 새로운 사랑을 위해서는 기존의 모습을 머리부터 발끝까지 모조리 싹 다 갈아엎어야 된다고 노래한다.

이 노래와 가장 잘 어울리는 철학자가 있다. 바로 "나는 생각한다. 고로 나는 존재한다"라는 말로 유명한 르네 데카르트(1596~1650, 프랑스 철학자, 수학자, 물리학자, 근대철학의 아버지, 합리주의 철학의 길을 열었음)이다.

데카르트는 20대에 여행과 성찰을 통해 새로운 인문학을 경험했다. 그는 자신을 마음껏 시험해 보기 위해 세상이라는 거대한 책속으로 들어가서 공부하고 경험하는 데 20대를 보냈다. 그리고 자신을 성찰하면서 생각의 확장을 거듭하게 되었다. 심지어 그는 자신의 경험을 쌓기 위해 '30년 전쟁(1618~1648, 독일을 무대로 신교와 구교 간에 벌어진 종교전쟁)'에 참전하기도 했다. 학자들은 데카르트가 '30년 전쟁'에 참전한 이유를 여러 각도로 해석한다. 하지만 인간과 인간에 관한 인문학을 제대로 알고 싶어서 참전했을 것이라는 주장이 당시 그의 생각과 활동들을 유추해볼 때 보다 설득력이 있다.

데카르트는 '30년 전쟁'에 참전하던 중 군대의 막사에서 3번의 꿈을 연달아 꾸게 된다. 첫 번째 꿈은 악마가 나를 잘못된 곳으로 인도하더라도 하나님께서 나를 보호한다는 의미의 꿈이었다. 두 번째 꿈은 밖에서 천둥번개가 요란하게 칠 때 내면의 방에는 진리의 불꽃이 가득해진다는 내용의 꿈이었다. 세 번째는 '나는 인생에서 어떤 길을 가야 하는가?'에 대한 질문을 통해 '진리의 길을 가야한다'는 의미의 꿈이었다. 그는 이 세 가지 꿈을 연달아 꾸며 얻은 깨달음을 통해 세상의 모든 학문을 통합하여 인류를 진리의 길로 인도하겠다는 새로운 철학을 시작한다. 그리고 이 새로운 철학을 위해서는 기존의 모든 것을 철저하게 의심하고 부정하며 되돌아볼 필요가 있음을 주장했다. 이 과정에 대해 데카르트는 《성찰》과 《방법서설》에서 이렇게 말한다.

"일생에 한 번은 기존에 내가 참된 것으로 인식했던 모든 것을 완벽하게 뒤집어 엎어야 한다. 그리고 처음부터 새롭게 토대를 쌓아야 한다. 그래야 확고부동한 새로운 인문학을 세울 수 있다." 《성찰》중 「제1성찰」

"나는 앞으로 오직 진리만 탐구할 예정이다. 이를 위해서는 털끝만큼이라도 의심의 여지가 있는 것은 전적으로 거짓된 것으로 규정하고, 용납하지 않아야 한다. 그리고 이런 과정 속에서 절대로 의심할 수 없는 그 무엇이 내 안에 존재하는가를 확인해 보아야 한다. 《방법서설》제4부

데카르트의 말처럼 생각하는 힘은 바로 모든 것을 의심하고 처음으로 돌아가서 성찰하는 것부터 시작된다. 의심하는 나의 존재, 즉 생각하는 나의 존재는 절대로 의심할 수 없기 때문이다. 데카르트는 '나는 생각한다. 고로 나는 존재한다(Cogito ergo sum)'를 새로운 철학의 출발점이자 제1의 원리로 삼았다. 의심하면 생각을 이끌어내게 되고 성찰하면 생각을 단단하게 만든다.

지적대화를 위한 인문고전 활용 Tip 15

"위기에 대응하는 연합전선 협상술. 합종연횡(合縱連衡)"

요즘 기업들간 합종연횡(合縱連衡), 정당간의 합종연횡(合縱連衡)이라는 말이 많이 등장하는데요. 협상 테이블에 자주 앉게 되는 실무자라면 반드시 알아야 할 고사성어입니다. 요약하자면, 중국 전국시대에 진과 그 밖의 6국 사이에서 전개된 외교전술을 말하는데요. BC 4세기 말에 접어들면서 진나라가 최강국으로 등장합니다. 당시 중국은 제일 서쪽에 진나라, 그리고 남북으로 6개의 나라(조,한,우,연,제,초)가 대치하고 있는 형세였습니다. 물론 6개의 나라가 나란히 남북으로 놓여 있지는 않았지만 큰 형세가 그렇다는 겁니다. 진나라가 강성해지자 소진이라는 사람이 서쪽의 진나라에 대항하는 6국(조,한,우,연,제,초)의 동맹을 맺도록 제안했는데 그 형세가 남북으로 연결하는 모습에서 합종(合縱)이라고 했습니다. 열국들이 연합해서 강국에 대응함으로써 나라를 보존할 수 있게 만든 전략이었습니다. 강한 진나라가 열국 중 어느 한나라를 공격하게 되면 6국이 진의 후방과 측방을 공격하는 동맹전략이었습니다. 진나라의 입장에서는 합종동맹이 깨지지 않으면 천하통일은 어려운 여건이었죠. 이때 진나라에서는 장의라는 사람이 등용됩니다. 장의는 진나라의 입장에서 연횡(連衡) 이라는 계책을 제안합니다. 6국(조,한,우,연,제,초)과 각각 연맹을 맺어 여섯 나라를 서로 견제하고 천하통일의 기반을 닦자는 것이었죠. 장의의 연횡책은 진나라 혜왕에 의해 채택되었고, 장의는 6국(조,한,우,연,제,초)을 다니며 왕들을 설득합니다. 6국의 대진나라 연합체인 합종(合縱)을 깨는 것이 주요 목적이었습니다. 결국 장의의 탁월한 외교술과 유세술로 여섯 왕들을 설득하는 데 성공합니다. 이로써 소진의 계략으로 만들어진 6국의 합종(合縱) 동맹은 와해되고 진나라는 6국을 차례대로 멸망시켜 중국을 통일합니다.

최근 코로나19로 인해 택배업계의 배송전쟁이 가열되고 있는 양상이라고 합니다. 온라인 기반의 이커머스 업체뿐만 아니라 대형 오프라인 유통업체까지 배송 전쟁에 뛰어들며 국내 쇼핑 산업의 지각변동이 예상되고 있죠. 투자업계의 한 관계자는 이커머스 업계가 택배업체 확보를 위해 분주한 모습이라며 향후 대형 택배사의 입지는 더욱 탄탄해지고 물류사와 이커머스 업체간의 연합은 더욱 가속화될 전망이라고 합니다. 이런 시점에서 사마천의 《사기》 장의열전에 나오는 합종연횡(合縱連衡)은 협상 테이블에서 지적이면서도 강력한 무기가 되는 대화법이 될 것입니다. 특히, 장의가 6개 나라를 돌면서 왕들을 설득하는 논리를 제대로 공부한다면 협상능력이 일취월장할 것이라고 생각됩니다.

04

익숙한 생각에서 벗어나는 법

시작하기 위해 위대해질 필요는 없지만 위대해지려면 시작부터 해야 한다.

– 레스 브라운 –

코끼리 말뚝

서커스단의 코끼리 길들이기는 새끼 코끼리 시절에 말뚝 묶기로 시작한다. 새끼 코끼리 다리에 쇠사슬을 묶어서 말뚝에 고정시킨다. 새끼 코끼리는 쇠사슬을 끊으려고 온갖 힘을 다 써보지만 결국 포기하게 된다. 그렇게 스스로 포기하게 만들고 나면 이후 큰 몸집으로 성장해서도 쇠사슬을 끊을 수 없다고 믿게 된다. 잠재의식에 고정관념으로 완전히 박혀버리는 것이다. 우리 삶도 마찬가지다. 타고난 나의 성격이나 환경적 요인에 의해 이미 잠재의식에 익숙해진 생각은 바꾸기가 힘들다. 생각을 바꿀 수 없다는 것은 생각이 유연하지 못하게 된다는 것이고, 생각이 유연하지 못하다는 것은 빠르게 변화하는 세상 속에서 적응하지 못하거나 도태되기 쉽다는 것이다.

그래서 우리는 익숙한 생각에서 벗어나는 힘이 필요하다. 나를 성찰해보고 나는 어떤 면에서 코끼리 말뚝에 얽매여 있는지 찾아내야 한다. 사람도 코끼리와 마찬가지로 어린 시절에 고정관념의 말뚝에 얽매이기 시작한다. 그리고 일생동안 반복되는 패턴 속에서 살다가 죽는다. 한번 형성된 고정관념의 패턴은 우리 자신의 일부가 되어 일생을 조종하게 된다. 내가 충분한 능력과 자질을 갖추고 있음에도 코끼리 말뚝에 의해서 스스로 한계를 정하기도 한다. 익숙함이 우리 인생에 미치는 영향은 이토록 지대함을 깨달아야 한다.

코끼리 말뚝에서 벗어나는 방법이 있다. 먼저 내가 어떤 생각의 말뚝에 얽매여 있는지 인식해야 한다. 익숙한 것에 대한 의심과 호기심을 부여하고 이름을 붙여라. 그리고 그 이름을 써놓고 객관적으로 바라보면서 내가 어떤 생각의 말뚝에 묶여 있는지 찾아내야 한다.

예를 들면 이런 것이다.

"남자는 태어나서 세 번만 울어야 한다?"

우리는 '남자는 남자다워야 한다'라고 들어왔다. 그래서 남자의 눈물은 절대 보여서는 안 되는 약함을 상징하게 되었다. 이런 고정관념이 잠재의식에 떡하니 자리 잡고 있으니 남자는 감정표현에 서투른 인간이 되어버렸다. 나는 이 또한 어린 시절 부모님이나 주변으로부터 들어서 생긴 코끼리 말뚝이라고 생각한다. 지금은 '남자는 태어나서 세 번만 울어야 한다'라는 얼토당토않는 이야기를 아이들에게 하지는 않는다. 그보다는 자기감정을 솔직하게 잘 표현하는 방법을 더 가르친다. 그

것이 타인과 소통하는 방법이고 더불어 살아가는 생존방식이 되었기 때문이다.

"여자 아나운서는 안경을 쓰면 안 된다?"

2019년 이전에는 TV뉴스 방송에서 안경 쓴 여자 앵커를 보지 못했다. 여성 앵커에게 안경은 금기 아닌 금기였기 때문이다. 그러나 그 금기가 깨졌다. 2019년 MBC 임현주 아나운서는 안경을 쓰고 뉴스를 진행했다. 그래서 단연 화제가 되었다. 그녀는 눈이 좋지 않아 인공눈물을 매일 한통씩 사용하며 렌즈를 꼈었다. 그리고 오랜 시간을 고민하다가 안경을 착용하고 방송을 하기로 결심했다. 그리고 안경을 끼고 방송을 한 그날, 그녀는 하루 종일 왜 안경을 썼냐는 말을 들었다고 한다.

이처럼 우리 주변에는 익숙한 생각에서 벗어나지 못하고 고정관념에 사로잡힌 사례가 너무나 많다. 조금만 생각의 접근을 달리하면 얼마든지 더 좋은 세상이 되는데도 불구하고 익숙함이라는 틀에 갇혀 살고 있는 것이다.

얼마전 외국 인터넷 방송 중에 충격적인 장면이 나오는 영상을 본 적이 있다. 냄비 속에 개구리가 있고 물의 온도는 따뜻한 수준이었다. 조금 있다가 불 위에 냄비를 올려놓고 서서히 냄비 속 물을 데웠다. 개구리는 꼼짝도 하지 않고 있었다. 결국 시간이 지나면서 물은 펄펄 끓게 되고 개구리는 그대로 삶아져 버리는 상황인데도 뛰쳐나오지 못하고 죽고 말았다.

우리 인생도 개구리와 별반 다르지 않다. 익숙함에서 벗어나지 못하면 그 익숙함 속에서 다른 세상을 보지 못하고 죽는 것이다. 남자는 남자다워야 하고 여자는 여자다워야 한다는 고정관념부터 버려야 한다. 그 대신 남자, 여자라는 자리에 '그 사람답다', '누구누구답다' 라는 표현이 더 익숙한 사회가 되어야 한다. 그 첫걸음이 나부터 생각의 말뚝에서 벗어나는 것이라고 본다.

당연함을 부정하라.

《관점을 디자인하라》의 저자 박용후 대표에게 많은 사람들이 묻는 말이 있다고 한다.

"관점을 어떻게 바꿔야 하나요?, 그 방법을 알려 주세요."

그럴 때마다 그는 답한다.

"당연함을 부정하세요."

그는 고정관념을 버리고 관성적인 모든 것들을 의심해보며, 마치 탐정이 되어 흩어진 단서들을 추적하듯 사람들의 마음이 흘러가는 방향을 따라가 보라고 한다. 이러한 과정 속에서 새로운 관점을 획득할 수 있게 된다고 말한다.

방법 역시 생각보다 어렵지 않다고 말한다. 틀에 박힌 사고에서 벗어나 다양한 방법으로 당연함을 부정하는 것에서부터 시작하라고 한다.

"남들이 보지 않는 것을 보고, 남들이 생각하지 않은 것을 생각하고,

다른 사람과 다른 관점으로 사물을 바라본다면, 당신도 미래의 스티브 잡스가 될 수 있다. 전구가 등장하자 잔불과 촛불이 필요 없어졌듯이, 지금은 있지만 미래에는 없고, 지금은 없지만 미래에는 당연해질 것들, 바로 그것을 찾아야 한다." 《관점을 디자인하라》.p.243 인용

예전에는 수돗물을 그냥 마시거나 끓여서 마셨지만, 이제는 많은 사람들이 '물은 당연히 사서 마시는 것'이라고 생각한다. 세상은 끊임없이 변화한다. 예전에 당연하다고 생각하던 것은 사라지고, 예전에는 상상도 할 수 없던 일들이 주변을 채우고 있다. 미래에는 지금 당연한 것들이 역사의 뒷편으로 밀려나고 우리가 당연하게 생각하지 않았던 것들이 또다시 당연해질 것이다.

"세상에 변하지 않는 것은 없다. 오직 변하지 않는 것이 없다는 것만이 변하지 않는 진리다."

우리는 익숙한 생각에서 벗어나야 한다. 생각의 틀을 코끼리 말뚝으로 채워서는 안 된다. 이미 채워져 있더라도 당연함을 부정하고 관점을 바꾸는 노력을 통해 고정관념에서 벗어나야 한다. 모든 사람들이 모든 것들을 당연함으로 받아들인다면, 과거와 현재뿐 아니라 미래도 아무런 변화가 없을 것이다. 개인의 인생도 마찬가지다. 지금껏 살아온 나의 정체성을 당연함으로만 생각하면 현재와 미래도 변화 없이 과거와 같을 것이다. 결코 성장할 수 없는 틀에 갇히게 되는 것이다. 그래서 우리에게 지금 당장 필요한 것이 익숙한 생각에서 벗어나는 것이다.

지적대화를 위한 인문고전 활용 Tip 16

"어려울수록 유머 있게 말하라"

송 작가 영화에서 심각한 위기의 상황에서도 유머 있게 말하는 장면을 보면 정말 배우고 싶다는 생각이 많이 드는데요. 유머는 나를 기분 좋게도 하지만 다른 사람들도 행복하게 만들 수 있는 마법이죠.

김 도사 네. 어려울수록 유머 있게 말해야 합니다. 실제로 위대한 인물들은 위기의 상황에서도 유머를 잃지 않음으로써 국민들에게 희망과 용기를 심어주었습니다. 미국 레이건 대통령의 일화도 유명한데요. 레이건 대통령이 저격을 받고 중상을 입었을 때 미국 전역이 상심과 불안에 휩싸였다고 합니다. 그때 레이건은 극심한 고통 속에서도 전혀 여유를 잃지 않고 유머를 구사했는데요.

「수술이 시작되기 직전에 외과 주치의가 말했다.
"각하, 이제 수술을 시작하겠습니다."
그러자 레이건 대통령은 주치의와 다른 의사들을 쳐다보며 물었다.
"여러분은 물론 모두 공화당원이겠지요?"
이 말을 들은 주치의가 웃으며 대답했다.
"대통령 각하, 우리는 최소한 오늘은 전부 공화당원입니다."」

이런 대통령의 병상 유머는 극도의 패닉 상태에 빠졌던 미국 국민들로 하여금 안도의 숨을 쉬게 했다고 합니다. 어려운 상황에서 리더의 유머는 자신은 물론 조직에 여유와 희망을 불어 넣습니다.

송 작가 사미천의 《사기》 장의열전에도 징의의 해학적인 표현이 나오는데요. 장의가 초나라 재상과 술을 마시다가 재상의 백옥을 훔쳤다는 누명을 쓰게 되죠. 수백 대의 매를 맞고 끝내 자신의 결백을 주장하여 풀려나게 됩니다. 만신창이가 된 장의를 보고 아내가 말하죠. "당신이 유세를 배우지 않았다면 재상의 백옥을 훔쳤다는 누명을 쓰지는 않았을 텐데요." 그러자 장의가 자신의 혀를 내보이며 말합니다. "내 혀가 아직 그대로 있는지 봐주시구려. 아직도 있소?" 아내가 웃으며 대답합니다. "혀는 아직 붙어 있네요." "그러면 됐소." 장의의 아내는 유세를 업으로 삼으며 위험에 처하는 남편에게 말리고 싶은 마음에서 말을 꺼냈습니다. 하지만 장의는 자신의 꿈과 포부를 이야기하며 아내를 설득하기보다는 유머 넘치는 단 한마디의 말과 행동으로 자신의 뜻을 확실하게 전달합니다. 조직의 리더는 개인은 물론 조직이 어려운 상황을 맞게 되면 조직원들에게 희망과 용기를 줄 수 있는 말을 해야 합니다. 어렵고 고급스런 말보다 정곡을 찌르는 유머 한마디가 더 지적인 대화법이라는 생각이 듭니다.

05

새로운 생각이 세상을 변화시킨다

먼저 당신이 원하는 것을 결정하라. 그리고 그것을 이루기 위해 당신이 기꺼이 바꿀 수 있는 것이 무엇인지 결정하라. 그 다음에는 그 일들의 우선순위를 정하고 곧바로 그 일에 착수하라.

– H. L. 린트 –

"그냥 그렇게 주어진 상황한테 진 겁니다."

20세기 동안 논문의 인용 횟수가 가장 많은 심리학자가 있다. 독일 출신의 미국 심리학자이자 사회 심리학의 창시자로서 그룹다이내믹스와 조직 개발 영역에 큰 공적을 남긴 쿠르트 레빈(Kurt Lewin, 1890~1947)이다. 레빈은 기존 심리학자들이 '사람의 행동은 환경에 의해 결정된다'는 인식에 대해 '사람의 행동은 조직 내에서 개인과 환경의 상호작용에 의해 규정된다'라고 주장했다. 즉 환경에 의한 일방적인 행동결정이 아니라 상호작용에 의해 행동결정도 달라진다는 뜻이다.

"그냥 그렇게 주어진 상황한테 진 겁니다."

이 대사는 TV드라마 〈스토브리그〉에서 외국 용병을 스카우트하기 위해 미국에 갔던 단장과 스텝이 자금 때문에 좋은 선수를 상대팀에게 빼앗기게 되자, 일행 중 한 명이 어차피 돈 많은 구단을 이길 수는 없다며 어쩔 수 없는 일이라고 위로하는 말을 듣던 단장이 던진 대사였다.

이 말을 찬찬히 들여다보면 대단한 내공을 지니고 있다. 사람에게 지는 것이 아니라 주어진 상황에 진 것이라는 말이다. 다시 조금 더 분석해보면 주어진 상황을 나에게 유리하게 만들었다면 지지 않았을 것이라는 말이 된다. 단순히 주어진 상황에 졌다고 생각하면 쿠르트 레빈 이전의 심리학자들이 주장한 말이 되고, 개인과 환경의 상호작용의 결과로 인식하면 쿠르트 레빈의 주장을 받아들인 말이 된다.

경쟁과 갈등의 상황에서 우리는 기본적으로 대상이나 사물에 초점을 맞추는 경우가 많다. 그러다 보니 관점이 인물이나 사물을 중심으로 형성된다. 이런 관점에서는 누군가와 경쟁할 때 이기고 지는 것이 상대방에게 달려 있다고 생각하게 된다. 그래서 지면 상대방에게 분노하고 이기면 상대방보다 우월감을 갖거나 자만하게 된다. 여기서 중요한 것은 경쟁에서 상대방과 싸우는 관점이 아니라 상황과 싸우는 관점을 가져야 한다는 것이다. 다시 말해서 내가 진 것은 어떤 사람이 아니라 상황에 진 것이고 내가 이겨야 할 것은 경쟁자가 아니라 주어진 상황인 것이다. 쿠르드 레빈은 '역장이론'에서 이렇게 말했다.

"사람들은 불평등한 상황이라는 외부적 힘이 명백히 존재했음에도 그들은 상대에게 유리하고 자신에게 불리한 게임의 법칙을 간과한다."

"우리는 상황에 따라 행동하고 스스로를 평가하면서도 주변 상황의 영향력을 무시하는 경향이 있다."

상황을 보려면 무엇보다 기본적인 힘의 구성요소를 추상화할 필요가 있다. 레빈은 '인간 행동은 추진력과 억제력, 마찰력 간의 관계로 결정된다'고 말했다. 이 세 가지 요소로 상황을 분석하면 데이터도 축적되고 자신에 대해서도 좀 더 명확하게 개선할 사항들을 도출해낼 수 있다. 즉 목표달성을 위한 추진력에 도움이 되는 것은 내 편이자 내 전력으로 분류하고, 이를 가로막는 장애물이나 반작용, 한계 상황은 억제력으로 분류한다. 그리고 그 사이에서 발생하는 마찰력을 볼 수 있어야 하며 어떻게 내 편으로 끌어들일 것인가를 고민해야 한다. 내가 유혹에 빠질 것 같으면 마찰력을 만드는 장치를 더하고, 유리하지만 잘 하지 않는 행동에는 마찰력을 제거하는 조치가 필요하다.

목표달성을 위해서는 상황을 유리하게 만드는 것이 우선이다. 섣불리 의지력만으로 이기려고 하면 마찰력이 발생한다. 의지는 한정된 에너지이기 때문에 반드시 불리한 상황이나 마찰력에 의해 고갈되게 되어 있다. 그래서 무엇보다도 상황을 자신에게 유리하게 만들어 놓고 싸우는 것이 필요하다. 이순신 장군은 이길 수밖에 없는 상황을 만들어 놓고서야 싸움에 임했다. 이것이 바로 사물이 아닌 사건을 보는 관점이고 대상이 아닌 상황을 보는 관점을 활용할 줄 알았던 지혜이다.

새로운 생각에 대한 저항감을 극복하라.

우리는 어떤 새로운 일을 하거나 새로운 생각을 가지려 할 때 기존에 형성된 인식으로 인해 저항감을 느끼게 된다. 이에 대해 레빈은 개인 또는 조직의 변화가 어떻게 실현되는지 '해동-혼란-재동결'이라는 모델을 가지고 세 단계로 진행됨을 설명했다. 다음은 야마구치 슈의《철학은 어떻게 삶의 무기가 되는가》에서 레빈의 이 모델을 설명한 내용이다.

제1단계 '해동unfreezing'은 지금까지의 사고방식이나 행동 양식을 바꿔야 한다는 현실을 자각하고 변화를 준비하는 과정이다. 당연한 말이지만, 사람들은 원래 자신의 내면에 확립된 관점이나 사고를 바꾸는 데 저항감을 느낀다. 따라서 이 단계에서 꼼꼼하게 준비해야 한다. 구체적으로는 '왜 지금까지 하던 방식으로는 안 되는 걸까?', '새로운 방식으로 바꾸면 무엇이 달라질까?'라는 두 가지 물음에 대해 설득이 아닌 공감하는 커뮤니케이션이 필요하다.

제2단계 '혼란moving'에서는 예전에 갖고 있던 견해와 사고, 또는 제도와 프로세스가 불필요해지면서 혼란과 고통이 생긴다. 예정대로 원활히 진행되지 않는 경우가 많다. "역시 예전 방식이 좋았어"라는 소리가 나오는 것도 이 단계다. 이 단계를 잘 극복하려면 변화를 주도하는 측에서 구성원들을 실무적으로나 정신적으로 충분히 지원해 주려는 노력이 필요하다.

제3단계 '재동결refreezing'은 새로운 관점과 사고가 결실을 이뤄 새로운 시스템에 적응하는 단계로, 이전보다 나아졌다고 느끼게 되어 변화를 받아들이고 유지하려는 항상성 감각이 되살아난다. 이 단계에서는 자리를 잡기 시작한 새로운 관점과 사고가 실제로 성과를 일궈내고 있음을 실감하게 해주는 것이 중요하다. 그렇기에 변화를 주도하는 측은 새로운 관점과 사고에 의한 실제 성과를 발표하고 더 나아가 새로운 기능이나 프로세스 획득에 포상을 주는 등, 긍정적인 모멘텀(momentum)을 만들어 내야 한다.

새로운 생각에 대한 저항감은 레빈이 주장한 '해동-혼란-재동결'의 3단계 중 해동과 혼란의 단계가 지나면 사라진다고 했다. 대부분 새로운 생각으로 변하지 못하는 것은 해동-혼란 단계에서 드는 저항감에 무너졌을 때이다. 레빈은 이러한 저항감을 극복하는 방법으로 생각을 바꿔야 한다고 말했다.

어떤 사고방식이나 행동 양식이 정착되어 있는 조직과 개인은 '해동-혼란-재동결'의 과정을 거쳐 변화한다. 여기서 이 프로세스가 '해동'에서 시작된다는 점에 주목해야 한다. 해동이라는 것은 바로 '끝낸다'라는 의미를 담고 있기 때문이다. 우리는 무언가 새로운 것을 하려고 할 때 앞으로의 일을 '시작'하는 데만 초점을 맞춘다. 당연한 일이다. 하지만 레빈의 지적은 새로운 것을 시작할 때 가장 먼저 해야 할 일은 오히려 지금까지의 방식을 '잊는'것, 즉 이전 방식에 '종지부를 찍는 일'이라는 점을 상기시켜 준다.

레빈이 주장한 생각 바꾸기는 새로운 생각을 시작이 아니라 끝이라고 인식하는 것이었다.

세상을 변화시켜라.

마크 주커버그는 2004녀 2월, 하버드대 컴퓨터학과 친구들과 함께 회사를 창업했다. 그리고 동시에 '더페이스북'이라는 이름으로 도메인을 등록했다. 이 네트워크는 처음에 하버드대학교 학생들만 이용 가능했다. 3개월 후 접속자 수가 5만 명을 넘어서자 서비스 영역을 '아이비리그'로 넓혔다. 2016년 기준 페이스북은 전 세계의 월 사용자 수가 16억 명에 이르는 세계 최대의 소셜네트워크로 성장했다. 그는 사람과 사람의 '연결'의 중요성을 파악했고 페이스북은 사람 간의 '연결'에 가장 적합한 수단이 되었다. 그는 새로운 생각으로 세상을 변화시키는 반열에 합류하게 되었다.

새로운 생각이 만들어지기까지 험난한 과정을 이겨내고 변화에 성공했다면 다음은 세상을 향해 선한 영향력을 주는 단계로 들어가야 한다. 그래야 개인을 넘어 인류를 위한 생각으로 성장하게 되는 것이다.

지적대화를 위한 인문고전 활용 Tip 17

"상사와 거래처를 설득하는 비유법의 걸작. 어부지리(漁父之利)"

직장에서 상사와 거래처를 설득하는 대화법은 배우고 익혀서 갖추어야 할 중요한 능력이 되었습니다. 이때 그 커뮤니케이션이 단순한 기교에서 비롯된 것이 아니라 고전의 지혜와 품격을 우려낸 것이라면 더욱 인정받을 수 있겠지요. 대화에서 소위 말하는 내공이라는 게 느껴지도록 말이죠. 그렇게 형성된 신뢰는 자연스럽게 상대를 움직이게 만드는 힘이 있습니다. 대화법 중에서 비유법은 상대방의 감정을 자극하여 마음이 움직이도록 하는 최고의 방법으로 통합니다. 우리가 잘 아는 고사성어 중에 '어부지리(漁父之利)'라는 말이 있습니다. 저는 이 고사성어의 유래가 되는 이야기가 비유법의 최고 걸작이라고 생각합니다. 그 이야기를 소개하겠습니다.

중국 전국시대 진나라는 여러 나라를 병탐하여 천하를 제압하려고 했다. 이때 조나라와 연나라 사이에 마찰이 생겨 조나라는 연나라를 침략하고자 준비를 서둘렀다. 그래서 연나라 소왕은 소대라는 신하를 조나라에 보내 조나라 혜왕을 설득하도록 했다. 조나라에 도착한 소대는 한 가지 예를 들어 혜왕을 설득했다.

"제가 이 나라에 들어올 때, 역수를 지나다가 우연히 냇가를 보니 조개가 입을 벌리고 볕을 쬐고 있었는데 황새 한 마리가 날아와 조개를 쪼자, 조개는 급히 입을 꽉 다물어 버렸습니다. 다급해진 황새가 '만약 내일까지 비가 오지 않으면

넌 목말라 죽을 것이다'라고 하자 조개도 '내가 내일까지 부리를 놓아주지 않으면 죽는 것은 바로 너다'라고 했습니다. 둘은 서로를 물고 늘어지면서 아무도 양보하지 않았습니다. 그때 그곳을 지나가던 어부가 그 장면을 보고 둘을 한꺼번에 손쉽게 잡아가고 말았습니다. 왕은 지금 연나라를 치려고 하십니다만, 연나라가 조개라면 조나라는 황새입니다. 지금 연나라와 조나라가 공연히 싸워 국력을 소모하면 저 강대한 진나라가 어부가 되어 두 나라를 손쉽게 무너뜨릴 것입니다"라고 말했다. 조나라 혜왕도 현명한 까닭에 소대의 말을 알아듣고 연나라를 치려는 계획을 중단했다고 한다.

'어부지리(漁父之利)'는 어부의 이익이라는 뜻으로 둘이 다투는 틈을 타서 엉뚱한 제3자가 이익을 가로챈다는 말입니다. 이 고사성어는 많은 사람들이 알고 있습니다. 하지만 조개와 황새, 어부의 이야기를 제대로 곱씹고 생각하면서 지금 처한 상황을 비유법으로 만들어내는 사람은 많지 않습니다. 직장 상사나 거래처를 설득하는 대화에서 이런 비유법은 최고의 품격 있는 대화법이 될 것입니다.

06

보이지 않는 차이를 만드는 생각하는 힘

앞서가는 방법의 비밀은 시작하는 것이다. 시작하는 방법의 비밀은 복잡하고 과중한 작업을 할 수 있는 작은 업무로 나누어, 그 첫 번째 업무부터 시작하는 것이다.

– 마크 트웨인 –

직관과 이성의 차이

2005년 예일 대학 셰인 프레더릭 교수가 MIT에서 일할 때 인지반응검사의 일부로 고안해낸 질문이 있다. 다음의 세 질문에 직관적으로 떠오르는 답을 제시해보기 바란다.

질문1) 방망이와 야구공을 합친 가격은 1달러 10센트다. 방망이의 가격은 야구공의 가격보다 1달러 더 비싸다. 그렇다면 야구공의 가격은 얼마인가?

질문2) 5대의 기계가 5개의 제품을 만드는 데 5분이 걸린다면, 100대의 기계가 100개의 제품을 만드는 데는 얼마나 걸릴까?

질문3) 연못에 수련이 있다. 매일 수련 잎은 두 배로 불어난다. 수련 잎이 연못 전체를 뒤덮는 데까지 48일이 걸린다면, 연못의 절반을 덮는 데는 며칠이 걸릴까?

셰인 프레더릭 교수는 사람들의 인지적 추론 능력을 측정하는 데 관심이 있었는데, 특히 직관이라 불리는 두뇌의 반사적 의사결정 영역의 영향을 얼마나 억누를 수 있는지에 관심이 있었다. 정답을 보기 전에 직관에 대한 이야기를 하나 더 소개한다. 로버트 해그스트롬의 《Investing The Last Liberal Art, 현명한 투자자의 인문학》에 보면 직관과 이성이라는 두 가지 마음에 대해 보이지 않는 차이를 잘 설명하고 있는데 다음과 같다. (p.294~298에서 인용)

수년간 심리학자들은 인지처리 과정이 두 가지 사고 모드로 나뉠 수 있다는 생각에 관심을 가져왔다. 하나는 직관이라 불리는 것으로 '빠르고 자동적으로 연산되는' 인지과정이고, 다른 하나는 '느리고 규칙을 따르는' 정신작용인 이성이라 불리는 것이다. 오늘날 이 인지 시스템은 각기 '시스템1'과 '시스템2'로 불린다. 시스템1 사고는 직관적이다. 자발적인 통제감 없이 자동적으로 빠르게 애쓰지 않아도 작동한다. 시스템2는 사색적이다. 노력이 필요하고 느리며 세심하게 조정된다. 시스템2 사고는 집중을 필요로 하고, 주관적인 경험을 통해 형성된 규칙에 기반한 연산작업이 이루어진다. 사람들은 자신이 확고한 시스템2 능력을 가졌다고 생각하는데, 실제로 사고의 대부분은 시스템1에서 일어난다.

프레더릭의 실험에 참여했던 학생들의 답을 분석해보면 놀라운 결과를 알 수 있다. 학생들의 절반 이상이 야구공의 가격을 10센트라고 대답했다. 더 놀라운 것은 "정말 그렇게 생각하십니까?"라고 다시 한 번 물었을 때도 대부분의 학생들이 "그렇다"고 답했다는 것이다. 정답은 5센트다. 이 글을 읽고 있는 독자 중에서도 첫 번째 질문에 대한 답을 10센트라고 답한 독자들은 50% 이상이 10센트라고 답했다고 생각하면 위안이 될 수 있을 것이다. 그럼 왜 이런 차이가 발생하는가? 5센트라고 답한 사람들은 직관에 의존하지 않고 어떻게 그 정답을 맞힐 수 있었을까?

프레더릭은 이 차이를 학생들이 시스템1 사고에 묶여 시스템2 사고로 전환할 수 없었거나 아니면 바꾸기 싫었음이 분명하다고 판단했다.

50% 이상의 학생들이 대답한 것처럼 야구공 가격이 10센트라면 방망이 가격은 1달러 10센트가 된다. 그러므로 이 둘을 합친 가격은 1달러 20센트가 되므로 오답이다. 잠깐이라도 생각할 시간이 있었다면 금방 깨달을 수 있는 문제이다. 참고로 나머지 두 문제의 정답은 100개의 제품을 만드는 데 걸리는 시간은 5분, 수련 잎이 연못의 절반을 덮는 데까지는 47일이 걸린다.

프레더릭은 위 세 가지 질문의 답을 분석하면서 '많은 학생들이 틀린 답을 말했다는 것은 두 가지 문제를 시사한다'고 했다. 첫째, 사람들은 어떤 문제를 깊이 생각하는 데 익숙하지 않고, 보통 마음속에 가장 먼저 떠오른 그럴 듯한 대답을 성급히 말한다. 둘째, 시스템2(이성)는 시스템1(직관)의 사고를 제대로 모니터링하지 못한다는 것이다.

프레더릭은 인지반응검사에서 높은 점수를 받은 사람들은 질문에 서

둘러 대답하고 싶은 욕구를 참아내는 경향이 있다는 것을 발견했다. 시스템2(이성) 사고는 상대적으로 느린 과정이다. 빨리 답하도록 재촉 받게 되면, 사색적 과정에 반드시 요구되는 합리성을 불러낼 시간적 여유가 없다.

보이지 않는 차이를 만드는 별개의 마음을 갖추는 법

대니얼 카너먼의 《생각에 관한 생각Thinking Fast and Slow》 3장 '게으른 통제'에 보면 인지적 노력이 정신작업이라는 사실을 강조하고 있다. 어떤 일이든 일이 힘들어지면 대부분의 사람들은 에너지가 떨어져서 게을러지는 경향이 있다고 한다. 그리고 끊임없이 계속해서 도전적인 작업을 수행해야 할 경우, 다음 과제가 주어졌을 때 자기통제 능력이 떨어지는 경향이 있다. 카너먼은 시스템2(이성) 사고를 요구하는 활동은 자기통제를 필요로 하고, 자기통제를 계속 하는 것은 힘들고 불편한 일이라고 지적한다.

카너먼은 똑똑한 사람들이 생각하기를 그만두고, 자신들이 처음 선택했던 답에 손쉽게 만족하는 것에 놀랐다. 생각하기를 포기한 사람들을 두고 그는 다음과 같이 말했다.

"그 사람은 자기가 한 말이 말이 되는지 따져보지도 않는 것 같아!"

"그녀는 자기 머릿속에 가장 먼저 떠오른 생각을 그냥 말하는 것 같아!"

이런 말을 할 때 우리는 다음과 같이 생각해야 한다고 카너먼은 얘기한다.

"그 사람은 게으른 시스템2(이성)를 갖고 있는 걸까 아니면 이례적으로 피곤했던 걸까?”

“그녀는 만족감을 뒤로 미루는 걸 힘들어 하는 것 같아. 시스템2(이성)가 취약한가 봐.”

카너먼은 지적 나태라는 죄를 모면하는 사람은 적극적인 사람이라고 말한다. 그들은 더 경각심이 많고, 더 지적으로 적극적이면서 피상적인 대답에 만족하려 하지 않는다. 그리고 자신의 직관을 자주 의심한다. 여기서 적극적이라는 것의 의미는 시스템2(이성)의 사고가 강하고 쉽게 피로해지지 않는다는 것을 뜻한다. 시스템1(직관)의 사고와 시스템2(이성)의 사고가 이처럼 뚜렷이 다르기에 키스 스타노비치는 이 둘을 ‘별개의 마음’이라고 불렀다. 그는 별개의 마음이 미리 분리되어 있는 것은 아니라고 했다. 다양한 학문을 학습하고 이해하여 주요 정신모형을 충분히 갖춰놓으면 시스템2(이성)의 사고가 제대로 작동할 수 있다고 했다. 그 정신모형은 곧 질문에 있는데 다음과 같은 질문들을 통해 지적 수련을 하면 별개의 마음을 갖출 수 있다고 한다.

예1) 포트폴리오를 들여다보며 손실난 종목을 팔고 싶은 충동을 느낄 때 자신의 불안감이 비이성적 편견이라는 것을, 다시 말해 손실의 고통이 이득이 주는 기쁨보다 두 배나 더 힘들다는 것을 상기하며 충동을 억누르고 이겨낼 것인가?

예2) 주가를 자주 확인하는 행동이 오히려 올바른 판단을 저해한다는 것을 알기에, 매일매일 주가를 확인하는 행동을 그만둘 것인가? 아니면 본능에 굴복해 먼저 팔아버리고 나서 뒤늦게 따져볼 것인가?

예3) 기업이나 주식시장, 경제에서 벌어지는 일들을 생각할 때 무슨 일이 벌어지고 있는지 한 번 기술해보고 말 것인가? 아니면 모든 사건은 다양한 관점에서 기술해볼 수 있고, 언론보도 정도에 따라 지배적 기술이 대부분 결정된다는 것을 알기에 추가적인 더 적절한 기술을 찾기 위해 좀 더 살펴볼 것인가?

예4) 일을 하는 데 필요해서 읽어야 하는 책들 말고도 세상에 대한 이해를 높여줄 새로운 책을 읽을 것인가?

이런 작업을 하는 데는 정신적 에너지가 소모된다. 의사결정을 내리기까지 더 많은 시간이 걸릴 것이다. 처음 떠오른 직관을 그냥 따르는 것보다 더 힘이 들 것이다. 하지만 우리는 독서를 통해서 끊임없이 배울 수 있다. 이런 사고과정이 시스템2(이성) 사고를 강화하는 데 도움이 되는 지적 수련이다. 직관에 의해 바로 판단하지 말고 이성에 의해 적극적인 사고를 할 수 있도록 별개의 마음을 갖추어야 한다. 이런 노력을 통해 보이지 않는 차이를 만드는 생각의 힘을 기를 수 있을 것이다.

지적대화를 위한 인문고전 활용 Tip 18

"회식자리에서 의미 있는 건배사"

송 작가 회식자리에서 건배사는 너무 진중하게 해도 분위기를 망치고, 그렇다고 너무 흥미 위주로 해도 없어 보이죠. 의미 있으면서 분위기를 다운시키지 않는 건배사가 중요한데요. 고전 속의 현자들은 어떻게 건배사를 했을까요?

김 도사 《여씨춘추》에 보면 제나라 환공과 관중, 포숙, 영척이 함께 술을 마시며 건배사를 하는 장면이 나오는데요. 포숙의 건배사가 걸작입니다.

환공이 포숙에게 "술잔을 들고 축원해 보십시오"라고 하자 포숙이 말했다. "왕은 거나라에서 망명생활을 하던 일을 잊지 않게 하시고, 관중은 노나라에서 묶였던 일을 잊지 않게 하시며, 영척에게는 소를 먹이며 비천하게 살던 것을 잊지 않게 하소서." 자리는 숙연해졌고, 환공은 두 번 절하며 말했다. "과인과 대부들이 선생의 말을 잊지 않고 새긴다면 제나라의 사직은 무궁할 것입니다."

환공은 반란이 일어나서 거나라로 망명을 했던 적이 있으며, 관중은 노나라에서 거의 죽을 뻔한 지경에 처하기도 했고, 영척 역시 성문 밖에서 소를 먹이며 비천하게 살다가 환공에 의해 발탁되어 대부가 될 수 있었죠. 이들 모두는 어려운 상황을 겪다가 큰 성공을 거둔 공통점이 있었습니다. 포숙은 모두가 그 사실을 잊지 말고 뼛속 깊이 새길 것을 기원한 거죠. 지금의 관점에서 보면 포숙은 분위기를 다운시키는 사람일 수 있습니다. 하지만 CEO 입장에서는 이런 말이 예사로 들리지 않을 겁니다. 무조건 즐거운 분위기만 연출하는 말보다 가끔은 이런 의미 있는 건배사도 필요합니다.

송 작가 술맛 떨어지는 건배사일수도 있지만 가만히 새겨 들어보면 참 의미있는 말이네요. 성공해서 높은 자리에 오르거나 부를 거머쥔 사람들이 어려웠던 시절을 잊어버리면 반드시 후회할 일이 생기게 마련입니다. 이런 분들과 함께하는 자리에서 포숙과 같은 건배사를 하면 정말 걸작이 될 것 같습니다. 건배사도 상황에 따라 적절하게 구사할 수 있도록 준비를 한다면 건배사 권유가 두렵지 않을 겁니다. 건배사는 술자리에서 하는 말 정도로 가볍게 생각하면 그것밖에 되지 않습니다. 하지만 감동을 주는 건배사는 더 많은 기회로 연결될 수 있다고 생각하면 나를 브랜딩하는 지적인 대화법의 하나가 될 것입니다.

제4장
결과를 내는 인문고전 독서법

01

배경지식을 알면 인문고전 독서에 빠져든다

이 세상의 주요한 위험 요소는 세상의 모든 것이 바뀌기를 원하는 사람들과 그 어느 것도 변하지 않기를 바라는 사람들이다.

– 낸시 애스터 –

인문고전이 어려운 이유

"인문고전은 정말 좋은데 읽기가 너무 어려워요. 큰 맘 먹고 읽다가도 이해가 되지 않으니 그냥 책을 놓게 돼요. 방법이 없을까요?"

"먼저 작가와 작품에 대한 배경지식을 알고 나면 훨씬 이해하시는데 도움이 될 거에요."

인문고전 읽기에 도전하는 사람이 늘고 있다. 하지만 끝까지 완독하고, 토론을 통해 지적 성장까지 이르는 사람은 많지 않다. 여러 이유가 있겠지만 가장 큰 이유는 배경지식이 부족하기 때문에 이해가 어려운 것이다. 우리나라 인문고전 중에 《춘향전》은 소설의 원문을 읽지 않아도 대한민국 국민이면 그 스토리를 모두 알고 있다. 수학여행 단골 코스이기도 하기 때문에 남원에서 춘향이가 타던 그네 앞에서 사진 한두 장은 찍었을 것이다. 본인이 찍지 않았으면 친구나 지인이 찍은 사진을 보기라도 했을 것이다. 이런 것이 배경지식이 된다. 좀 더 구체적으로 들어가면 《춘향전》 등장인물들이 살았던 조선시대의 과거제도라든지, 암행어사라는 관직의 활동, 양반과 기생의 신분, 당시의 사랑과 결혼에 대한 자료를 찾으면 더 이해가 쉬울 것이다. 만약 외국인이 《춘향전》을 읽고 더 잘 이해하고 싶다고 하면 위에서 이야기한 배경지식을 알려주면 크게 도움이 될 것이다.

서양 인문고전도 마찬가지다. 아무런 배경지식이 없으니까 스토리만 가지고 이해하기 어려운 것이다. 그렇다고 역사의 현장을 수학여행 가듯이 쉽게 다녀올 수 있는 것도 아니다. 그래서 배경지식에 대한 이해가 필요하고 원전을 읽기 전에 이해를 돕는 해설서를 참고하면 훨씬 쉽게 접근할 수 있다. 마키아벨리의 《군주론》의 경우 마키아벨리가 《군주론》을 쓸 당시의 시대적 상황과 배경을 이해하지 못하면 이해도 어렵다. 아무리 문장을 곱씹어 읽어보아도 《춘향전》만큼 쉽게 들어오지 않는다.

배경지식을 먼저 공부하고 원전을 읽어라.

연세대학교 김상근 교수가 쓴 《세상에서 가장 위험한 현자 마키아벨리》에 보면 마키아벨리에 대한 인물해석이 현장 사진과 다양한 참고자료와 함께 제시되어 있다. 특히 마키아벨리의 어린 시절부터 그의 성장과정과 행적을 따라가며 인물분석을 해놓은 부분은 명작 《군주론》이 어떻게 탄생하게 되었는지까지 이해할 수 있다. 왜 해설서를 먼저 읽어보기를 권하는지 그의 책에서 몇 가지 핵심내용을 소개한다.

[마키아벨리에 대한 불편한 진실을 재해석하다]

마키아벨리는 천하의 나쁜 놈으로 알려져 왔다. 많은 사람들이 그를 권모술수의 대가로, 이중 전략의 미덕을 찬양한 '악의교사'라 규정했고, 어떤 사람은 그를 '독재자를 위한 지침서를 쓴 사악한 정치 이론가'라고 평가한다. (중략)

《워싱턴포스트》의 2011년 8월 특집호에 재미있는 연재 기사가 실렸다. 심리학자 프로이트, 중국의 혁명가 마오쩌뚱, 영국 역사의 황금기를 이루었던 빅토리아 여왕, 현대 자본주의 경제 이론의 대가 케인즈, 그리고 피렌체의 정치가이자 사상가였던 마키아벨리를 새로운 각도로 분석한 글이었다. 이들의 공통점은 이름 자체가 모두 형용사로 사용될 만큼 자기 분야를 대표하거나 위대한 업적을 낳았지만, 실제로 이들은 자신들의 이름이 의미하는 것과 전혀 다른 삶을 살거나 상이한 사상을 가지고 있었다는 것이다. 그 대표적인 인물이 마키아벨리였다. 요컨대 마키아벨리의 이름은 '권모술수에 능한'이라는 형용사로 불리고 있지만 실제 그의 삶은 전혀 '마키아벨리적'이지 않았다고 한다.

마키아벨리는 오히려 순진할 정도로 애국적인 인물이었으며, 친구들에게 마음씨 좋은 벗으로 남고 싶어 했기 때문에 오히려 친구들이 그의 돈을 상습적으로 떼어먹기까지 했다. 외교를 담당하는 피렌체 제2서기장이라는 높은 공직에 있으면서도 그는 공금을 아껴 쓰는 것으로 유명했고, 자리에서 쫓겨났을 때에는 "조국에 대한 나의 충성심과 공직자로서의 정직함은 내가 가진 가난으로 충분히 증명되고도 남는다"고 자랑

할 만큼 사심이 없는 인물이었다.(중략) 마키아벨리는 처음부터 공포에 사로잡혀 있던 인물이었다. 그 두려움을 극복하기 위해 인간의 변하지 않는 행동 양식을 유심히 관찰했던 인물, 약자로서 살아남기 위해 강자의 힘과 권력의 속성을 파헤침으로써 공포에 질린 우리 삶에 희망과 용기를 심어준 인물이다.

[절망 속에서 탄생한 군주론]

마키아벨리는 피렌체 공화정 제2서기장이라는 고위 공직에서 쫓겨나고 22일간 쇠사슬에 묶여 모진 고문을 받았다. 겨우 감옥에서 풀려나 산탄드레아의 허름한 시골집에서 칩거했다. 이렇게 1512년 말부터 시작된 마키아벨리의 유배 생활은 1527년 임종할 때까지 계속됐다. 무려 15년 동안 그는 실업자로 살았다. 이 낙심과 좌절의 시간을 견디며 마키아벨리는《군주론》을 집필했다. 조국 피렌체에서 추방되어 망명객으로 외국을 떠돌던 시인 단테가《신곡》이라는 불후의 명작을 남겼듯이《군주론》도 이런 좌절 속에서 탄생했다.(중략) 마키아벨리는 이런 절망과 희망의 가느다란 경계선 위에서《군주론》을 썼다. 그에게 남아 있는 유일한 희망은 해직당한 자신을 메디치 가문이 다시 불러 주는 것이었다. 유럽 각국의 통치자들과 이탈리아의 영웅들, 그리고 한 시대를 풍미했던 교황들과 함께 역사의 현장을 지켰던 마키아벨리는 피렌체의 권력을 장악한 메디치 가문의 부름을 고대하고 있었다.

[피눈물 나는 이력서]

마키아벨리가《군주론》을 집필했던 산탄드레아 시골집 앞길에 서면 놀라운 광경이 펼쳐진다. 북쪽을 바라보면 멀리 피렌체의 도심이 어렴풋이 보이고, 브루넬레스키가 건축했던 산타 마리아 델 피오레 성당의 거대한 돔이 눈에 들어오기 때문이다. 마키아벨리는《군주론》을 집필하는 동안 가끔씩 집 앞 큰길에 서서 피렌체를 바라보았을 것이다. 그리고 이렇게 다짐했을 것이다. "나, 언젠가는 저곳으로 돌아가고 말겠어!"(중략) 피렌체의 시뇨리아 정청으로 돌아가고 싶은 마음이 애절했던 마키아벨리는 정치 이론서나 처세술에 대한 책을 쓴 것이 아니라, 재취업을 위한 포트폴리오를 쓴 것이다.《군주론》은 마키아벨리가 메디치 가문의 눈에 들기 위해 쓴 포트폴리오다. 실업자로 전락한 마키아벨리가 다시 직업을 갖기 위해 쓴 피눈물 나는 이력서인 것이다.

배경지식을 알면 인문고전에 빠져든다.

앞서 배경지식이 되는 간단한 사례를 몇 가지 정리했는데 김상근 교수의《세상에서 가장 위험한 현자 마키아벨리》를 먼저 읽고 나서 원전《군주론》을 읽으면 이해가 쉬워질 뿐만 아니라 내용 속으로 빠져들게 된다. 그것도 생각하면서 빠져든다.

예를 들어《군주론》3장에서 통치가 결코 쉬운 일이 아니라고 강조하면서도 신생군주의 통치 능력을 배양하는 것보다 "정복지의 사정의 차이"를 아는 것이 더 어려운 일이라고 주장하는데 여기에서 마키아벨리의 의도를 알 수 있다. '지난 14년간 시뇨리아 정청에서 피렌체의 정치 · 외교 · 군사 문제를 담당했었던 나를 다시 등용해야 정복지 사정을 알 수 있을 것입니다.' 이 점을 은근히 강조하고 있는 것이다.

《군주론》4장에서 이런 짧은 구절이 나온다. "새로 차지한 영토를 유지하기가 얼마나 어려운 일인가 생각할 때...(중략)" 이 부분에서도 마키아벨리는 자신을 등용해야 한다는 것을 은근히 내비치고 있다. 메디치 가문은 1494년~1512년까지 피렌체에서 축출되어 떠돌이 생활을 하다가 교황 율리우스 2세와 프랑스의 알력을 이용해 다시 피렌체 영토를 차지했다. 그래서 마키아벨리는 새로 차지한 영토를 유지하기란 여간 어려운 일이 아니라고 표현했으며 정권을 운영해 보았던 자신이 필요할 것이라는 의미를 부여하고 있다.

이렇게 배경지식을 알고 나면 문장 속에서 저자의 생각과 의도를 파악할 수 있게 된다. 고전을 더욱 분석적으로 읽게 되기도 하고 저자의 생각을 따라가다 보면 원인과 결과를 유추하는 안목까지 생기게 된다. 인문고전, 어렵게 생각하지 말고 배경지식 이해로 공략하면 반드시 기대 이상의 성과를 얻을 것이다.

지적대화를 위한 인문고전 활용 Tip 19

"우유부단한 리더에게 조언할 때 비유법으로 일침을 가하라"

《사기》에는 이런 기록이 있습니다. "대행(大行)은 세세한 성실함을 돌아보지 않고, 대례(大禮)는 작은 양보를 마다하지 않는다." 말하자면 큰일을 할 때는 사소한 이해득실을 고려하지 않고, 대의를 행할 때에는 작은 질책을 두려워하지 않는다는 뜻입니다. 이는 실로 천고 이래로 가장 이치에 맞는 명언입니다. 만약 세세하게 따지고 곳곳에서 칭송 받는 사람이 되려고만 한다면, 결국 속 좁은 인(仁)만 갖게 되어서 큰일을 이루지 못합니다.

유방과 항우가 다투던 시절 유방은 항우의 계략에 말려서 죽게 될 상황에 처합니다. 바로 홍문의 연회장에서 말이죠. 유방은 연회 중에 화장실에 간다는 핑계를 대고 간신히 항우의 면전에서 도망쳐 나옵니다. 유방은 도망을 가라고 재촉하는 신하 번쾌에게 '항우에게 인사를 하지 못하고 나왔다'고 말하며 망설입니다. 이때 번쾌는 유방을 크게 다그치며 말합니다. "큰일을 할 때는 사소한 예의를 따지지 않고, 큰 예의를 행할 때는 사소한 허물을 마다하지 않는 법입니다. 지금 저들은 칼과 도마이고 우리는 그 위에 놓인 물고기 신세인데 무슨 인사를 한다고 합니까?" 번쾌는 우유부단한 유방을 다그치며 단호하게 상황을 정리합니다.

회사나 조직이 위기에 처해 있을 때 작은 예의나 사소한 이해득실을 따져서 우유부단하게 행동하는 리더에게 눈치만 보고 아무 말도 못하는 부하는 성장할 수 없습니다. 같이 망하는 길로 가게 됩니다. 번쾌가 자신들을 죽이려는 항우의 일당을 칼과 도마로, 자신들은 그 위에 놓인 물고기로 비유했을 때 유방은 정신이 번쩍 들었을 겁니다. 여기서 죽으면 그동안 꿈꿨던 천하통일은커녕 아무도 알아주지 않는 패배자가 될 것이라는 점을 확실히 느꼈겠지요. 평상시에는 당연히 예의를 갖추고 상하관계를 유지해야 하겠지만 위기의 순간에는 작은 예의에 연연하지 않고 통렬한 충언을 할 수 있는 과단성이 있어야 합니다. 특히, 우유부단한 리더에게는 비유법으로 일침을 가하는 대화법이 필요합니다. 그게 더 큰 위기를 막을 수 있는 최고의 방책이 될 수 있기 때문이죠.

02

매일 1시간 독서로 천재의 생각근육을 키워라

하루하루를 어떻게 보내는가에 따라 우리의 인생이 결정된다.

– 애니 딜러드 –

매일 1시간 천재의 생각을 읽어라.

책을 읽으면서 문득 든 생각이 있다. 인문고전의 천재작가들과 함께 매일 1시간씩 대화를 할 수 있다면 나의 인생이 어떻게 바뀔 것인가? 노벨상을 수상한 천재가 한국에 있는 나를 찾아와서 매일 1시간씩 지혜를 전수해 준다고 하면 나의 인생이 어떻게 바뀔 것인가? 이런 생각을 해보면 그 시간에 친구들과 술을 마시고 싶은 생각이 없어진다. TV나 영화를 본다고 천재들과의 대화를 거절할 수 없을 것이다. '무슨 소리에요, 천재들과 1시간씩 대화하는 게 얼마나 중요한데 친구들과 술을 마신다고 거절해요? 그럴 수 없어요'라고 단호하게 말할 것이다. 그러나 이런 일이 나에게 일어날 확률은 0%다. 하지만 인문고전 독서를 통해 매일 1시간 이상 천재들의 생각을 만날 수 있는 기회가 있다. 하루에 딱 1시간만 투자하면 된다.

영국의 사회학자, 철학자이자 정치경제학자로서 논리학, 윤리학, 정치학, 사회평론 등에 걸쳐서 방대한 저술을 남긴 존 스튜어트 밀(1806~1873)은 아버지 제임스 밀의 장남으로 태어나 어릴 때부터 천재교육을 받은 것으로 유명하다. 그는 아버지 밀에서 엄격한 교육을 받았는데 특히 인문고전 원전을 읽으며 천재의 생각근육을 키우게 되었다. 8세 때 이미 그리스어로 된 수많은 원전을 읽었고 라틴어도 배웠다. 12세 때에는 스콜라 논리학을 공부하기 시작했으며 그리스어로 된 아리스토텔레스의 논리학 관련서적도 읽었다.

밀의 아버지가 밀에게 베푼 교육은 뛰어난 두뇌와 비상한 인내를 요구하는 것이었으나 그 어려운 천재 교육이 밀의 풍부한 감수성과 예리한 지성 및 무한한 인내에 의하여 큰 열매를 맺게 했다. 매일 이루어진 인문고전 천재들의 생각을 읽으면서 밀은 인류의 모든 고귀한 사상을 터득하게 되었다. 그리고 그것을 종합해서 전 인류 역사를 통하여 가장 고귀한 인격과 가장 심오한 사상을 형성했다. 특히 그는 인류에게 유익한 모든 사상을 섭취함에 있어서 그 장단을 잘 가려, 좋은 것을 취하고 좋지 못한 것을 버리는 절충 능력이 비상하였다.

영국의 전통인 경험론적 사고방식 내지 건전한 상식의 철학에 깊이 입각하여, 그는 아버지와 벤담(Jeremy Bentham)을 중심으로 하는 공리주의 사상을 근본적으로 받아들이면서도, 또한 최대 다수의 최대 행복을 목표로 삼는 공리주의가 쾌락이나 행복의 양만을 고려하는 결함을 지니고 있음을 지적했다. "배부른 돼지보다는 배고픈 소크라테스가 낫다"고 하며 쾌락의 질을 중시하였다. 그가 일생을 두고 글이나 말로 표현하고 염려하고 관심을 둔 것은, 한 마디로 어떻게 하면 인간의 정신

상태를 좀 더 높이 끌어올릴 수 있을까 하는 것이었다. 이러한 모든 성과는 어릴 때부터 책을 읽으며 책 속의 천재들과 대화하고, 그들의 사상을 정리해서 요약한 후 다시 자신만의 생각으로 완성하는 천재의 생각근육 덕분이었다.

천재의 생각근육은 습관으로 만들어진다.

반복된 행동이 점차적으로 자동화되면서 만들어지는 게 습관이다. 어떤 행동을 반복할수록, 뇌는 그 행동을 하는 데 효율적인 구조로 변한다. 최근의 패턴화된 행동들을 기반으로 뇌에서 뉴런들의 연결이 강화되는 현상이 있는데 신경과학자들은 이를 '장기적 강화'라고 부른다.

제임스 클리어의 《아주 작은 습관의 힘》에 보면 '오래 하는 것보다 많이 하는 것이 중요하다'는 내용이 있는데 생각의 근육을 만드는 것도 이와 같은 이치다. 자주 반복함으로써 만들어지는 습관의 중요성을 일깨워 주고 있는 내용으로 '런던 택시 운전사'와 신경과학자들의 연구결과를 소개하고 있는데 다음과 같다.

런던 택시 운전사들의 뇌를 분석한 연구에서 과학자들은 다른 사람들에 비해 이들의 해마가 상당히 크다는 것을 발견했다. 이 부위는 공간지각 능력과 관계가 있다. 더욱 흥미로운 점은 은퇴한 뒤에는 다시 해마 크기가 감소했다는 점이다. 우리 몸의 근육이 웨이트 트레이닝에 반응하듯이, 뇌의 특정 부위로 사용 여부에 따라 조정되며 사용하지 않으면 위축된다. 물론 습관을 세우는 데 있어 반복의 중요성은 신경과학자들이 이 사실을 알아내기 훨씬 전부터 알려져 있었다. 1860년 영국의 철학자 조지 루이스

(George Lewes)는 이렇게 썼다.

"새로운 언어를 말하는 것, 악기를 연주하는 것, 익숙하지 않은 움직임을 배울 때 가장 어려운 것은 '느낌'이다. 각 감각들이 전달되는 경로들이 확립되지 않았기 때문이다. 자주 반복함으로써 길을 만들면 어려움은 사라진다. 그 행동들은 다른 곳에 마음이 쏠려 있어도 자동으로 수행할 수 있게 된다."

우리는 어떤 행동을 반복하는 순간마다 그 습관과 연관된 특정한 신경학적 회로를 활성화한다. 단순한 반복이라 할지라도 새로운 습관을 체화하는 가장 중요한 단계라는 말이다.

사진을 배우는 두 그룹의 학생들이 있다. A그룹의 학생들은 사진 찍는 횟수를 늘려서 엄청나게 많은 양의 사진을 찍었고, B그룹의 학생들은 완벽한 사진을 만들어내는 데만 몰두한 학생들이다. 일정기간이 지난 후 학생들의 사진기술을 평가했는데 A그룹은 기술이 늘어난 반면, B그룹은 기술이 늘지 못했다. 이유는 A그룹은 실제로 연습을 했고, B그룹은 수동적으로 배우기만 했다는 것이다. 모든 습관은 노력이 필요한 연습에서 자동적인 행위로 넘어가는 유사한 궤적을 그리는데 이 과정을 '자동화'라고 한다. 자동화는 각 단계를 떠올리지 않고도 행동을 수행하는 능력으로 행동이 무의식에 새겨질 때 일어나는 현상이다.

제임스 클리어는 《아주 작은 습관의 힘》이라는 책에서 새로운 습관을 만드는 데 "시간이 얼마나 걸리나요?"라고 묻는 것은 잘못된 질문이라고 말한다. 그는 "새로운 습관을 만들려면 몇 번이나 그 행동을 해야 할까요?"라고 물어야 한다는 것이다. 즉, 습관이 자동화되려면 얼마나 오래 하느냐가 아니라 얼마나 자주 반복하느냐가 중요하다고 강조한다. 차이를 만들어내는 것은 횟수다.

매일 1시간씩 인문고전을 읽으면서 '천재들의 생각 들여다보기'를 반복하다 보면 자동화가 이루어진다. 이 자동화는 습관이 되고 습관은 나의 뇌에 새로운 인문고전 천재들의 생각근육으로 발전하게 된다.

실제로 나는 매일 1시간씩 인문고전을 읽고 내용을 정리해서 유튜브에 올린 적이 있다. 처음 1주일 정도는 단순히 읽고 간단히 설명하는 내용으로 진행했었다. 2주차가 되자 동영상 촬영 시 말하는 속도와 끊이지 않고 이어지게 말하는 기술이 향상되었음을 느끼게 되었다. 다음에 이어지는 말들도 시나리오 없이 자연스럽게 물 흐르듯이 이어졌다. 3주차가 되었을 때는 시작 멘트부터 오늘의 철학 이야기, 마무리 멘트까지 평상시 이야기하듯이 편하게 진행했다. 나는 이것을 반복의 효과라고 생각한다. 4주차가 되었을 때는 방송 진행뿐만 아니라 철학적으로 생각하고 표현하는 것을 일상에 적용하고 있다는 느낌이 들었다. 어떤 현상이나 사건, 상황을 보면서 그 이면에 있는 본질을 보려고 의식적으로 생각하게 되었다. 직장에서도 윗사람이 어떤 말을 하면 그 배경이 되는 상황까지 생각의 범위를 확대할 수 있게 되었다. 물론 이런 현상이 장점만 있는 것은 아니다. 때로는 단순하게 생각하고 넘어가야 할 때도 너무 깊이 생각하는 바람에 적절한 행동의 시기를 놓치는 경우도 있다. 하지만 분명한 것은 철학적 사고의 습관이 생각근육을 탄탄하게 만들었고 이전보다 세상을 바라보는 눈이 커졌다는 것이다. 직관에 의존한 성급한 결정보다 이성에 의한 현명한 판단으로 인생의 오류가 줄었다는 것이 가장 큰 결과였다.

인문고전 독서는 단기간에 집중적으로 많은 시간을 투자해서 읽는 것보다 매일 1시간씩 반복해서 생각의 근육을 키워나가는 것이 더 효과적이다. 매일 1시간씩 반복된 습관이 나의 뇌구조를 인문고전 천재들의 뇌구조와 비슷하게 만들어 주기 때문이다. 이렇게 만들어진 뇌구조는 나의 인생과 운명을 바꿀 수 있게 해준다. 우리의 현재 습관은 수백, 수천 번 반복하는 과정에서 내재화된 것이다. 새로운 습관 역시 그만큼의 반복이 필요하다. 습관 한계선을 넘어설 때까지, 행동이 정신 속에 완전히 내장될 때까지 성공적인 인문고전 독서로 엮어가기를 바란다.

지적대화를 위한 인문고전 활용 Tip 20

"질문에 대답할 가치가 없을 때는 침묵이 최고의 대화법이다"

송 작가 어릴 적에 부모님으로부터 자주 들었던 질문 중에 하나가 "엄마가 좋아?, 아빠가 좋아?" 였는데요. 지금 생각해 보면 참 질문 같지도 않은 질문인데 제가 부모가 되어 똑같은 질문을 하고 있더라고요. 그런데 네 살 아들녀석은 누구라고 대답하지 않고 생각만 하더군요. 둘 중 하나를 고를 수 없다는 사실을 알고 그랬던 걸까요? 어른이 되어서 사회생활을 하다보면 정말 질문 같지 않은 질문을 하는 경우를 보게 되는데요. 그럴 때면 네 살짜리 아들의 침묵이 생각나더군요.

김 도사 맞습니다. 질문의 가치가 없는 질문에 논리적으로 대답하다보면 공연히 언쟁으로 발전하기 쉽습니다. 이럴 때는 차라리 침묵이 좋을 수 있죠. 한나라의 유향이 편찬한 책 《설원》에 보면 질문 같지 않은 질문에 공자가 침묵으로 대하는 이야기가 나옵니다.

조양자가 공자에게 물었다. "선생께서는 몸을 굽혀 직접 만나본 군주가 무려 70명에 이르지만 지금껏 쓰임을 받지 못했습니다. 이것은 세상에 명군이 없는 까닭입니까?, 아니면 선생의 도가 꽉 막힌 것입니까?" 이에 공자는 대답하지 않았다. 이후 조양자가 이 일에 대해 공자의 제자인 자로에게 물었다. "일찍이 당신의 스승에게 도를 물었지만 대답하지 않았소. 알면서도 말을 안했으면 감추는 것인데 그랬다면 어질다고 할 수 없을 것이요. 만약 몰라서 대답하지 못했다면 그를 성인이라고 할 수 있을까요?" 이에 자로가 대답했다. "천하에서 제일 좋은 종이 있다고 합시다. 만약 이 종을 막대기로 친다면 좋은 소리가 나겠습니까? 혹시 귀하가 했던 질문이 이런 질문은 아니었는지요?"

자로는 질문하는 조양자의 의도를 짐작해 한 마디로 대답합니다. 되지도 않는 작대기를 들고 범종을 두드려 봐야 제대로 된 소리가 날 수 없다는 거죠.

송 작가 자로는 공자를 범종으로, 조양자는 작대기로 비유했네요. 말도 안 되는 질문에 일일이 논리적으로 답변한다면 논쟁밖에 안하겠지요. 그럴 가치가 없다는 건데요. 침묵으로 대답한 공자도 범종과 작대기로 비유한 자로도 참 현명하다는 생각이 듭니다.

03

저자의 생각과 다른 나만의 생각을 써라

다른 사람이 뭐라고 칭찬하든, 비판하든, 전혀 개의치 않는다.

나는 그저 내 자신의 느낌에 충실할 뿐이다.

– 볼프강 아마데우스 모차르트 –

속도의 시대, 사유해야 하는 이유

속도와 성취만을 중요시하는 시대에 우리는 어떻게 나만의 생각을 가져야 하는가?

궁금한 것이 있을 때 인터넷 검색 몇 번이면 궁금증이 해결되는 시대다. 소위 말하는 검색의 시대를 살고 있다. 빠르게 답을 찾는 과정은 시간 절약이라는 장점이 있지만 사유하는 법을 퇴화시키는 단점도 있다. 사유라는 게 사실 어려운 것은 아니다. 문명의 혜택을 잠시 접어두면 저절로 떠오르는 것이 사유다. 스마트폰을 꺼두고, 노트북을 접고 눈을 감은 상태에서 가만히 있으면 된다. 머릿속으로 들어오는 것도 없고, 머릿속의 생각을 밖으로 꺼내는 것도 없는 상태가 된다. 이 상태를 인풋(in-put)도 아니고 아웃풋(out-put)도 아닌 노풋(no-put)의 상태라고 한다. 이런 상태가 되면 밖에서 들어온 지식이 정리가 되면서 지혜로 익어가게 된다. 법정스님은 '지식은 밖에서 들어오지만 지혜는 안에서 우러나온다'라고 말했다. 사유하는 시간을 갖지 않으면 내 안에서 자생적으로 우러나오는 것들을 못 건져낸다. 그냥 잠깐이라도 가만히 앉아 있어보면 복잡한 생각들이 한결 정리가 잘 된다. 사유를 하기 때문이다. 그래서 사유가 중요한 것이다.

"요즘 어떻게 지내?"
"정신없이 지낸다. 하루가 어떻게 가는지 모르게 바쁘네."
"바쁜 게 좋은 거지, 다음에 소주 한잔 하자."
"그래."

요즘 자주 하는 전화통화 내용이다. 문득 같은 내용을 자주 반복해서 말하고 있다는 느낌이 들었다. 스마트폰을 잠시 내려놓았다. 아니 전원을 꺼두고 눈을 감았다. 크게 심호흡을 반복했다. 단전에서부터 올라오는 날숨과 코끝에서부터 가슴 속 폐가 부풀어 오를 때까지 들숨을 쉬었다. 머릿속에 수많은 별들이 불꽃놀이를 하듯 반짝반짝거렸다. 현기증이 잠시 느껴지지만 부풀었던 맥주 거품이 가라앉듯이 차분히 정리가 되었다. 그리고 사유를 하기 시작했다.

'왜 나는 정신이 없다고 자주 말하는가? 정말 내가 정신이 없는가? 습관처럼 이렇게 말하는 이유가 뭘까? 왜, 오랜만에 통화하는 친구에게 더 정성을 다하지 못했을까? 나는 지금 무엇을 보고 어디를 향해 정신없이 가고 있는가? 이 길이 맞는 길인가?'

끊임없이 나 자신을 향해 질문을 던졌다. 그리고 하나씩 하나씩 내 안에서 우러나오는 답을 나의 목소리로 들었다.

'나는 오로지 성공하고 출세하기 위해 앞과 위만 바라보고 있구나, 사랑과 우정과 진리를 나누기 위해 옆과 아래를 보지 못하고 있구나!'

나는 정신이 없다고 말하는 순간 이미 그렇게 되어 버린다는 생각을 했다. 속도, 성장, 성취, 목표 이런 것들에 쫓겨서 정신없이 세상을 살아가고 있는 것이다. 이걸 반성하는 생각에서부터 사유가 시작된다. 하루 중에 나를 성찰하는 시간이 습관적으로 주어져야 한다. 이렇게 형성된 습관이 내 삶에서 편안하게 느껴지는 순간 어떤 책을 읽어도 저자의 생각과 나만의 생각을 구분할 수 있게 된다. 여기서 말하는 나만의 생각이라는 것은 결국 저자의 생각을 내 삶에 어떻게 적용할 것인가를 사유하는 것을 말한다. 빠르게 변화하고 정보의 홍수 속에서 허우적거리지 않으려면 정신줄을 놓지 말아야 한다. 넋 놓고 빠른 검색에 의존하며 그때그때 단편적인 만족을 추구하다가는 정신없이 살게 된다. 결국 '내가 왜 이렇게 되었지?'라고 생각하며 살아온 날을 후회하게 된다. 그렇게 살지 않으려면 나만의 생각을 가지는 습관을 만들어야 한다. 이것이 속도의 시대에 사유를 해야 하는 진정한 이유다.

저자의 생각과 다른 나만의 생각 키우기

매일 1시간 인문고전 독서로 천재의 생각근육을 키웠다면 이제는 저자의 생각과 다른 나만의 생각을 키울 차례다. 우리는 천재처럼 생각하는 법을 배우고 익히기를 원한다. 하지만 최종 목표는 천재처럼 생각하는 것이 아니라 인문고전 천재들의 생각에 버금가는 나만의 생각을 만드는 것이다. 그래야 '누구처럼이 아니라 나다운 것'이 되기 때문이다.

저자의 생각과 다른 나만의 생각을 가지기 위해서는 어떤 실천 방법이 있을까?

나는 인문고전 한 권을 선택한 후 책 속의 현장으로 달려가서 현장의 느낌을 나만의 해석으로 옮기는 방법을 권하고 싶다. 장르로 따지면 독후감이나 서평에 해당하겠지만 꼭 그런 틀의 형식에 따르지 않고 '나만의 생각'으로 정리를 하면 저자의 생각과 다른 나만의 생각을 키울 수 있기 때문이다.

첫 번째 책으로 이순신 장군의 《난중일기》를 선택했다. 여행지는 한산도였다. 이순신 장군의 시조와 어록을 되새기며 눈을 감고 상상에 잠겼다. 그리고 나만의 해석으로 나만의 생각을 정리했다.

閑山島月明夜 上戍樓撫大刀深愁時
(한산도월명야 상수루무대도심수시)
何處一聲羌笛更添愁
(하처일성강적경첨수)
한산섬 달 밝은 밤에 수루에 홀로 앉아
큰 칼 옆에 차고 깊은 시름 하던 차에
어디서 일성 호가는 남의 애를 끊나니

이순신의 시조 '한산섬 달 밝은 밤에'

임진왜란이 일어나자 이순신 장군은 옥포, 당포, 당황포 등에서 거북선을 앞세워 적을 크게 격파했다. 한산도 대첩으로 남해의 전 제해권을 장악했으며 안골포와 부산포에서도 왜군을 대파하는 등 커다란 전과를 올렸다. 이듬해 한산도로 본영을 옮겨 최초로 삼도수군통제사가 되었다. '한산섬 달 밝은 밤에'시조는 이때 진중에서 지은 것이다. 나만의 해석은 이렇게 했다.

'한산섬 달 밝은 밤에 적의 동태를 살피기 위해 만들어 놓은 수루에 홀로 앉아서 이 나라의 앞날을 걱정하고 있을 때 어디서 들려오는 오랑캐의 피리 소리가 이순신 장군의 마음을 더 애끓게 만들었다. 무엇이 이토록 이순신 장군의 마음을 애끓게 만들었을까? 이순신 장군은 오랑캐의 피리소리가 백성들의 비명소리로 들렸을 것이다. 육지에서 피난 가지 못하고 왜군에 의해 도륙당하는 백성들의 주검을 떠올렸을 것이다. 전쟁이 그에게도 왜 두렵지 않겠는가? 장군은 이 시조를 지으며 다시금 전의를 불태웠을 것이다. 그리고 진정으로 백성을 위하는 마음에서 애를 끓는 듯한 고통을 느꼈을 것이다. 승리를 해야 하는 이유와 왜군을 물리쳐야 하는 이유가 임금을 위해서가 아니라 고통 받고 있는 백성을 먼저 구하기 위해서라는 생각을 했을 것이다.'

必死則生 必生則死
(필사즉생 필생즉사)
죽고자 하면 살 것이고, 살고자 하면 죽을 것이다.

이순신의 《난중일기》 중에서

이 말은 《난중일기》 선조 30년(1597년, 이순신 장군 53세) 9월 15일일기에 나오는 말이다. 당시 이순신 장군은 원균의 패배로 수군이 전멸하다시피 한 상황에서 상대적으로 수(數)가 적은 조선의 수군으로 인해 부하들이 겁을 먹고 있음을 직감했을 것이다. 그래서 여러 장수들을 불러놓고 죽기를 각오하고 싸워야 한다는 엄중한 명령을 하달했을 것이다. 싸워보지도 않고 지레 겁부터 먹으면 이미 패한 것이나 다름없는 것이 전장의 속성이다. 이순신 장군은 그 상황을 타개할 명분과 전투의지를 고양하는 대책이 절실히 필요했다. 그래서 《오자병법(嗚子兵法)》에 나오는 필사즉생, 행생즉사(必死則生, 幸生則死 죽기를 각오하면 살 것이고, 요행히 살려고 하면 죽을 것이오)가 가장 적절한 전의고양 문구라고 생각했을 것이다. 그 말을 자신만의 확고한 의지를 반영해서 '행(幸)' 자 대신'필(必)'자를 넣었을 것이다.

인문고전 저자의 생각을 이해하고 '왜 그랬을까? 배경이 뭐였을까? 나라면 어떻게 했을까?'라는 질문을 던져야 생각이 따라오게 된다. 속도의 시대에 맞게 검색으로 답을 찾았다고 멈추면 딱 거기까지밖에 성장하지 못한다. 천재의 생각과 나만의 생각을 구분하여 정리할 수 있을 때 지적 성장을 맛볼 수 있게 된다. 사유하는 습관과 나만의 생각을 정리하는 습관이 생각하는 나를 만들어가는 현명한 방법이다.

지적대화를 위한 인문고전 활용 Tip 21

"리더가 감정적으로 일을 그르칠 때 훌륭한 부하의 조언"

사람들은 감정이 격하게 되면 누구라도 잘못된 판단을 할 수 있습니다. 판단 결과가 미미한 말단 직원이라면 몰라도 회사나 조직의 리더라면 큰 문제를 일으킬 수 있습니다. 그래서 이런 상황을 지켜보는 부하는 그 자리에서 리더의 잘못된 판단을 바로잡아야 합니다. 리더의 잘못을 보고도 그의 심기를 그르칠까 두려워 방관한다면 그는 제대로 된 부하라고 할 수 없고 장기적으로 리더로부터 인정을 받지도 못하게 됩니다. 좋은 조직은 직언을 하는 부하와 그것을 겸손하게 받아들이는 리더가 함께 만드는 것이기 때문이죠. 다음의 일화는 리더가 감정적으로 일을 그르칠 때 훌륭한 부하의 조언을 보여주고 있습니다.

제나라 경공의 말(馬)이 병들어 죽자 경공이 노하여 말을 관리하는 관리를 죽이려고 했다. 그러자 안자가 나섰다. "이 자는 자신이 무슨 죄를 저질렀는지도 모르고 죽는 것이니, 제가 왕을 위해 따져 그가 스스로 자신의 죄를 깨닫도록 하겠습니다." 왕이 허락하자 안자는 왕이 들을 수 있도록 큰 소리로 말했다. "너의 죄는 세 가지다. 왕의 말을 기르는 임무를 지키지 못한 것이 첫 번째다. 또 왕이 가장 아끼는 말을 죽게 한 것이 두 번째 죄다. 말 한 마리 때문에 왕으로 하여금 사람을 죽이게 했으니 백성들은 반드시 왕을 원망할 것이고, 이웃나라에서는 왕의 위엄이 떨어지게 될 것이니 이것이 세 번째 죄다."

이 이야기는 《안자춘추》에 나오는 일화입니다. 안자는 잘못을 저질러 죽게 된 하급관리를 살리고 일시적인 분노로 인해 하급관리를 죽여 자신의 명예와 위엄을 추락시킬 뻔했던 왕을 지켜냈습니다. 왕을 직접 설득하기보다는 잘못을 저지른 관리를 꾸짖으면서 왕이 스스로 깨달을 수 있도록 한 것이죠. 사람은 권력과 명예가 커질수록 자신의 직관에 대한 믿음도 커져서 기분과 감정에 좌우되는 판단을 내리기 쉽다고 합니다. 이런 잘못된 판단이 계속되면 민심을 잃어버리게 되죠. 이럴 때 리더를 설득하는 지혜로운 대화법이 필요합니다. 만약 안자가 왕의 올바른 자세와 치세의 도를 내세우면서 설득했다면 본의 아니게 왕의 권위를 손상시켰을 것입니다. 하지만 지혜로운 안자는 다른 곳을 두드려 왕이 스스로 깨닫게 했습니다. 왕의 권위를 살리면서도 의도했던 결과를 만들어낸 것이죠.

리더의 잘못을 본다면 그것을 바로잡는 지혜와 용기가 필요합니다. 만약 직접적으로 말하기 곤란한 상황이라면 다른 곳을 쳐서 설득하는 순발력과 재치를 발휘하십시오.

04
어려운 인문고전은 독서계획을 세워서 읽어라

사귀는 친구만큼 읽는 책에도 주의하라.

습관과 성격은 전자만큼이나 후자에게서도 영향을 받을 것이기 때문이다.

– 팩스튼 후드 –

어려운 인문고전이라고 포기하지 마라.

우리가 어렵다고 생각하는 인문고전의 기준은 통상 두 가지로 분류된다. 어려운 말들로 가득한 철학서, 분량이 너무 긴 장편소설이 그것이다. 첫 번째는 말 그대로 내용이 어렵고 배경지식도 부족해서 이해가 안 되는 경우다. 이런 철학서는 한 문장을 읽고 나서 무슨 뜻이지 하고 다시 처음으로 돌아가서 읽게 되는 경우가 다반사다. 그래도 이해되지 않으면 어렵다고 던져버린다. 두 번째는 재미는 있는데 분량이 너무 많아서, 소위 말하는 벽돌책 같아서 읽을 엄두를 내지 못하는 장편소설이다.

어렵다고, 읽기에 너무 부담스럽다고 포기하면 죽을 때까지 그 책 속에 담긴 지혜를 알지 못한다. 얼마나 안타까운 일인가? 물론 '그것 없이도 인생을 잘 살 수 있다'고 할 수 있다. 하지만 '그것이 있으면 더 잘 살 수 있다'고 하면 당연히 도전하고 싶을 것이다. 어렵다고 인문고전 읽기를 포기하면 안 되는 이유가 여기에 있다.

윤성화 작가의 《1만 페이지 독서력》이라는 책에 보면 책을 많이 읽는 사람들을 정말 두려워해야 하는 이유에 대해 다음과 같이 말하고 있다.

책을 많이 읽는 사람을 정말 두려워해야 하는 이유는 그 사람이 책을 통해서 얻어 가는 지식이 아니라 그 자세 때문이다. 독서는 최소한의 노력이자 준비이다. 이것마저도 하고 있느냐, 하지 않고 있느냐는 그 사람의 깊이를 재는 첫 번째 척도가 된다. 책을 읽는 것 자체가 가장 기본적이면서도 효율적인 자기계발 방법이다.

윤성화 작가의 말대로 책을 많이 읽는 사람들을 두려워해야 하는 이유는 그 자세에 있다. 포기하지 않고 어려운 인문고전이라도 읽어내는 사람, 그 속에서 남들이 보지 못하는 것을 볼 수 있는 의식을 키운 사람이기에 두려운 것이다. 의식이 향상된다는 것은 평범한 사람이 비범한 사람이 된다는 것을 의미한다. 《독서력》의 저자 사이토 다카시는 독서를 통해 얻는 것은 지식이 아니라 사고력이라고 했다.

책은 읽어도 되고 읽지 않아도 되는 것이 아니라, 읽지 않으면 안 되는 것이다. 독서로 길러진 사고력이 뭔가를 생각할 때 큰 힘이 되고 있으며 대화를 나눌 때도 독서 경험이 긍정적으로 작용하기 때문이다.

많은 책을 읽으면 세상을 보는 통찰력이 완전하게 달라진다. 그것도 어려운 인문고전을 읽어냄으로써 얻는 통찰력은 읽지 않은 사람과는 분명한 차이가 있다. 바로 이것이 목숨을 걸고 독서를 많이 하는 사람들을 두려워해야 하는 이유가 된다. 그들은 당신이 보지 못하는 것들을 보고 있기 때문이다. 최고의 인생을 살기 위해, 혹은 성공하기 위해 가장 좋은 방법은 평범한 독서를 뛰어넘는 어려운 인문고전을 많이 읽는 것이다.

아르키메데스는 "나에게 넉넉한 길이의 지렛대와 강한 받침대를 준다면 한 손으로도 지구를 들어 올릴 수 있다"라고 말했다. 우리 인생에서 넉넉한 길이의 지렛대나 강한 받침대와 같은 구실을 해주는 것이 바로 수준 높은 의식을 갖는 것이다. 그러한 수준 높은 의식은 많은 책을 읽고 많은 것들을 받아들여 사색과 성찰을 통해 융합될 때 만들어진다. 독서를 많이 하는 사람들이 리더가 되고, 위대한 일을 해낼 수 있는 인물로 자신을 한 단계씩 성장시키는 이유가 바로 여기에 있다.

독서 계획을 세워서 읽어라.

어려운 인문고전 독서의 성공비법은 포기하지 않고 읽는 것이다. 사색과 성찰은 일단 제쳐두고 완독을 목표로 읽어내는 것이다. 일단 한 번 읽어내면 두 번, 세 번 읽으면서 사색과 성찰을 할 수 있게 된다. 1차 완독이 중요하다는 말이다. 앞서 제시한 어려운 유형 두 가지 기준에 맞춰서 각기 다른 독서계획을 수립하면 된다.

먼저 어려운 철학서를 읽어내는 독서계획이다.

예를 들어 마키아벨리의 《군주론》을 독서계획으로 만들어서 읽어나간 사례다.

1. 쉬운 단계부터 어려운 단계로 읽기(1주차)

도서관에 가서 《군주론》을 검색한다. 검색 결과 수십 권의 군주론이 나올 것이다. 그 중에서 가장 쉬운 《군주론》부터 어려운 《군주론》까지 단계를 나누어서 대출을 받는다. 난이도에 따라 구분해보면 ①《Why? 마키아벨리 군주론 : 초등학교 고전읽기 프로젝트》－②《청소년 군주론 : 500년 마키아벨리 다시 읽는다》－③《마키아벨리 재해석 : 군주론》－④《원전을 그대로 번역한 군주론》으로 4권을 선정했다.

①번은 초등학생을 위해 군주론의 핵심 내용을 만화로 설명하는 책이다. 전반적인 대의를 파악하는 데 도움이 된다.(1일차에 단숨에 읽기)

②번은 총 221쪽 분량으로 청소년이 이해할 수 있는 쉬운 문장으로 되어 있어서 가볍게 읽을 수 있다. 물론 내용은 군주론의 핵심을 모두 담고 있다.(2일차에 단숨에 읽기)

③번은 마키아벨리가 살았던 당시의 이탈리아 피렌체의 정치적 상황과 마키아벨리 개인에 대한 연구를 곁들여서 군주론을 이해할 수 있는 해설서이다. 난이도가 점점 높아지지만 마키아벨리에 대한 개인의 역사와 시대적 상황 등 배경지식을 이해할 수 있는 책이다.(3～4일차에 나눠서 읽기)

④번은 지금까지 대의파악과 배경지식을 토대로 원문을 그대로 번역한 책이다. 앞서 충분한 배경지식을 쌓았기 때문에 이해가 쉬워지고 어렵지 않게 읽혀진다.(5～7일차에 나눠서 읽기)

2. 독서노트에 핵심내용 요약하기(2주차)

핵심내용 요약은 ③번 책과 ④번 책만 정리한다.

3. 《군주론》 관련 유튜브 강의를 시청하고 나만의 생각을 정리하기(3주차)

설민석의 《군주론》, 김상근 교수의 《마키아벨리 재해석》, EBS교양 프로그램 《세상의 모든 법칙 : 군주론》을 차례로 시청하고 강사의 해석을 다시 나만의 해석으로 정리한다.

이렇게 독서와 생각 정리하기의 계획을 세워서 진행하면 지루하지 않다. 다음 책은, 다음 동영상 강의는 어떤 내용을 담고 있을까 궁금해진다. 어렵다고 포기하지 않게 된다.

두 번째는 '벽돌책'으로 불리는 읽기 부담되는 800페이지 이상의 장편소설 독서계획이다. 장편소설은 중단 없이 꾸준히 읽어나가는 게 핵심이다. 그러기 위해서는 스토리를 놓치지 않는 것이 중요하다. 다음은 톨스토이의 《전쟁과 평화》이다. 2,988페이지에 달하는 명작이다.

1. 읽기(1주차)

① 쉬운 전쟁과 평화 읽기 :
유민선의 《만화로 독파하는 전쟁과 평화》, 213쪽, 1시간 소요

② 배경지식 확장하기 : 등장인물(559명) 요약자료 읽기,
유튜브 강연 시청하기

③ 분량 나누어 읽기(1/4, 2/4, 3/4, 4/4) :
연진희의 《전쟁과 평화 세트》 전4권, 총 2,988쪽,
방대한 분량으로 출·퇴근길에 오디오북으로도 청취

2. 독서노트 핵심 요약하기

③번 전4권을 각 권 단위로 인물중심으로 요약한다.

3. 내 생각 정리하기

《전쟁과 평화 세트》 완독 후 주말에 《전쟁과 평화》 영화를 시청한다. 독서노트 핵심 요약자료를 다시 읽으면서 내 생각을 정리한다.

어려운 인문고전은 계획을 세워서 읽으면 포기하지 않고 고전의 지혜를 빨아들이게 된다. 이때 지루하지 않게 계획을 세워야 하는데 쉬운 작품부터 유튜브 강연, 영화시청 등으로 배경지식을 확장해 나가면 효과적이고 이해도 쉬워진다. 이 방법이 모든 독자들에게 유용하지는 않을 수도 있다. 하지만 어렵다고 읽기를 포기하는 대신 다양한 방법으로 계획을 세워 읽다보면 인문고전의 지혜를 나의 것으로 만들 수 있게 된다.

지적대화를 위한 인문고전 활용 Tip 22

"부하를 충성하게 만드는 리더의 말솜씨"

송 작가 버락 오바마 전 미국대통령은 2011년 5월 1일 백악관 상황실에서 9.11 테러공격을 자행한 알카에다 테러조직의 최고지도자였던 오사마 빈 라덴 사살 상황을 지켜보고 있었습니다. 그런데 이 모습을 담은 한 장의 사진에 전 세계가 깜짝 놀랍니다. 상황실의 중앙에 대통령이 앉아 있는 게 아니라 마셜 웹 연합특수전사령부 부사령관(준장)이 앉아 있었던 거죠. 기자들의 질문에 오바마 대통령은 상황을 통제하는 실질적인 책임자는 마셜 웹 부사령관이었기 때문이라고 했습니다. 오바마의 리더십을 보여주는 명장면이었습니다.

김 도사 네. 저도 그 사진을 봤습니다. 오바마 대통령의 리더십은 겸손과 소통, 공감의 리더십이라는 말이 저절로 생각날 정도였습니다. 특히 겸손함에 대해 많이 생각하게 만들더라고요. 리더가 겸손함을 잃으면 아무리 능력이 있어도 하수에 불과합니다. 이런 리더는 오래 못가죠. 《한비자》에 보면 부하를 친구이자 스승으로 모신 주문왕의 일화가 있는데요. 부하를 충성하게 만드는 리더의 말솜씨를 잘 볼 수 있습니다.

주문왕이 숭나라를 치고 봉황의 언덕에 이르렀을 때 신발 끈이 풀어지자 직접 허리를 굽혀 끈을 묶었다. 태공망 여상(강태공)이 물었다. "폐하, 시킬 신하가 없습니까?" 그러자 주문왕이 대답했다. "최고의 군주 밑에 있는 신하는 모두 스승이요. 중간의 군주 밑에 있는 신하는 모두 친구요. 하급 군주 밑에 있는 신하는 모두 시종입니다. 지금 이곳에 있는 신하들은 모두 선왕 때부터 있던 신하들이므로 이 일을 시킬 사람이 없소."

주문왕은 풀어진 신발 끈을 직접 묶으면서 그 이유를 겸손하게 설명함으로써 모든 신하들의 마음을 한번에 사로잡을 수 있었습니다. 그 말에 진정성이 담겨 있기에 신하들은 이 말을 듣고 마음속 깊이 감동을 받았을 것이고 왕을 위해 목숨을 바쳐도 아깝지 않은 충신들이 될 수 있었을 겁니다.

송 작가 오래전 한보그룹 회장의 말이 생각나는군요. 국회 청문회에 출석해서 그룹 고위 인사가 진술한 내용에 대해 이렇게 말했죠. "주인인 내가 정확하게 알지, 머슴이 뭘 알겠습니까?" 그룹의 최고위급 인사에게 머슴이라고 표현한 겁니다. 이런 리더 밑에 있는 직원들은 행복하지 않겠죠. 그리고 희망이 보이지 않을 겁니다. 결국 한보그룹은 국가에 엄청난 손해를 입히고 망해버렸습니다. 진정한 리더는 부하들을 친구이자 스승으로 모시는 사람입니다. 그래야 위기의 순간이 닥쳤을 때 그들은 온 힘을 다해 조직을 지키려 하고, 자신의 리더를 위해 목숨을 바칠 각오로 최선을 다하게 됩니다. 여러분이 리더이거나 리더가 되어가는 과정이라면 진정성을 담은 이런 말솜씨를 익혀야 합니다. 단순한 기교가 아니라 겸손함을 담은 지적인 대화의 수준으로 말이죠.

05

필사의 힘을 믿어라

어떤 주제에 대한 지식을 정리하기 위해서는 먼저 책을 읽고
관련분야의 전문가를 만나고 생각을 충분히 하는 과정이 필요하다.
여기에 한 가지를 더한다면 그것은 바로 글쓰기다.

– 공병호 –

필사는 손가락 끝으로 고추장을 찍어 먹어보는 맛

세상을 바꾼 창조는 모방에서 시작되었다. 모차르트와 베토벤은 악보를 베꼈고, 피카소는 그림을 베끼면서 실력을 다졌다. 특히 피카소는 "좋은 예술가는 모방하고, 위대한 예술가는 훔친다"라는 명언을 남길 정도였다. 그는 젊은 시절 뛰어난 모방화가였다. 고야, 고갱, 고흐, 세잔, 벨라스케스 등 여러 대가의 그림을 따라 그렸다. 이렇듯 모방을 거치지 않은 천재는 없다.

소설가 어니스트 헤밍웨이는 "지금 당장 필사하라"라며 필사가 얼마나 중요한지를 한 마디로 표현했다. 시인 안도현은 "필사는 손가락 끝으로 고추장을 찍어 먹어보는 맛이다"라고 표현했다.

"필사를 하면 글쓰기 능력이 향상되나요?"

한 권의 책을 필사한다는 것에 대해 부질없는 시간 낭비가 되지는 않을까 우려하는 마음에서 나오는 질문이다. 무작정 따라 쓰기만 하면 실력이 향상되지 않는다. 손가락만 아플 뿐이다. 저명한 문인들의 필사에 대한 찬사는 그저 단순히 베껴 쓰는 것이 아니라 더 중요한 의미가 있다는 것이다. 자신의 손으로 직접 문장을 써 내려가는 행위를 통해 문장을 읽을 때와는 전혀 다른 차원에서 더 깊이 있게 이해하고 공감할 수 있다. 그래서 필사는 자신이 독자가 아니라 저자가 된 것과 같은 기분으로 쓰는 것이 중요하다. 그래야 나를 치유하는 효과와 스스로 배우는 효과가 동시에 생긴다. 그렇게 꾸준히 쓰다보면 문장력이 향상된 것을 느끼는 시점이 온다. 어느새 내가 명문장을 자연스럽게 쓰고 있다는 생각이 든다.

필사는 화가 지망생이 명화를 따라 그리는 것과 같은 이치다. 뛰어난 작품을 처음부터 끝까지 따라 쓰게 되면 글쓴이가 사용한 어휘, 문장부호, 문체 그리고 이것들이 모여 이루어진 문장을 자연스레 익히게 된다. 글쓰기에 대한 자신감은 물론이고 전체적인 내용을 구성하는 능력까지 키울 수 있게 된다. 이것이 필사의 힘이다.

필사의 꽃은 각색하기이다. 각색하기를 하면 글쓰기 능력이 확실하게 향상된다. 필사를 하면서 명문장과 저자의 생각, 나만의 생각을 동시에 쓸 수 있는 부분을 선정하고 해당 부분만 나의 단어와 나의 표현방법으로 각색하기를 하면 된다. 천재의 표현방법 틀 속에서 단어와 방법만

변경하는 것이 각색이다. 모방에서 창조로 변화하는 시점이기도 하다. 각색하기는 한 문단을 통째로 들어내서 한 문장씩 나의 언어로 바꿔나가면 된다. 단어를 바꿀 수도 있고, 문장의 앞과 뒤를 바꿔서 다시 나의 문장으로 만들 수도 있다.

필사! 어떻게 할 것인가?

"책 읽기도 힘든데 필사를 어떻게 해요?"

많은 사람들이 필사라고 하면 단지 베껴 쓰는 작업으로 생각한다. 이는 기계적인 관점으로 본 생각이다. 실제 필사를 하다보면 저자의 입장으로 몰입되는 순간이 오게 된다. 이때가 깨달음이 오는 순간이다.

'아! 저자의 의도가 이거구나!'라고 느끼게 된다. 그리고 한 발 더 나아가서 '나라면 이 부분을 이렇게 써 보겠다'라는 생각을 가지기도 한다. 작가의 경험과 나의 경험이 충돌하면서 생기는 현상이다. 처음 필사를 시작할 때는 이런 단계의 현상들이 오리라고 생각하지 못한다. 그래서 불필요한 기계적 반복 작업 정도로만 생각하게 되고 시도조차 하지 않는 것이다.

필사와 관련된 책을 검색해서 읽다 보면 '선택적 필사가 맞느냐? 전체 필사가 맞느냐?'라는 질문에 봉착하게 된다. 나는 '둘 다 맞다'고 생각한다. 단지 처음부터 '선택적 필사'를 적용하는 것보다 '전체 필사'로 내공을 다진 후에 선택적 필사로 이어갈 것을 권유한다.

'선택적 필사'는 책의 중요 핵심 부분만 필사하면서 저자의 생각지도를 완성하는 개념이다. 따라서 책의 핵심을 제대로 간파해야 저자의 생각지도를 완성할 수 있다. 책 속의 명문장을 건진다는 생각으로 접근하면 전체 흐름을 놓칠 수 있기 때문에 책을 수차례 정독 후 핵심 '맥'을 잘 선별해야 한다. '선택적 필사'는 시간을 줄여주는 효과가 있다. 저자의 생각지도를 만들다보면 전체 구성을 보는 안목도 향상된다. 반면 자칫 단순 요약이나 저자의 생각지도를 그리지 못하고 명문장 수집으로만 흘러갈 수도 있다. 그래서 어느 정도 필사의 경험을 쌓은 후에 적용하는 것이 효과적인 방법이다.

'전체 필사'는 말 그대로 첫 문장 시작부터 마지막 문장 마침표까지 그대로 베껴 쓰는 방법이다. 앞서 이야기한 것처럼 '책 읽기도 어려운데 전체를 필사한다고?'라며 엄두를 내지 못하는 사람도 있다. 그래서 좀 더 효율적인 방법은 없는지, 기간을 줄일 수 있는 방법은 없는지 찾다보니 '선택적 필사'가 답이라고 생각하기도 한다. 요하네스 베르메르의 〈진주 귀걸이를 한 소녀〉 그림을 따라 그린다고 생각해 보자. 이 그림의 핵심은 '소녀의 눈망울'이다. '선택적 필사'처럼 핵심인 '소녀의 눈망울'만 그린다고 하면 나중에 다시 보았을 때 이 그림의 느낌을 그대로 느낄 수 없을 것이다. 다시 말해서 핵심을 정확하게 파악했지만 그림 전체에서 '소녀의 눈망울'이 차지하는 느낌은 전달할 수 없을 것이다. 그래서 처음부터 '선택적 필사'로 시작하기 보다는 '전체 필사'로 내공을 다져야 하는 것이다.

'전체 필사'를 하며 지루해하지 않고 제대로 하는 방법은 없을까? 저자는 삼색 볼펜 활용법을 추천한다. 먼저 검정색 볼펜으로 책의 원문을 처음부터 그대로 베껴 쓴다. 베껴 쓰다보면 저자의 생각을 느낄 수 있는 부분을 만나게 되는데 그 부분에서 빈 여백에 저자의 생각을 써놓는다. 그리고 내 생각이나 깨달음, '나라면 어떻게 썼을 것이다'라는 내용 등은 빨간색 볼펜으로 빈 여백에 쓴다. 이렇게 쓰다보면 단순히 그냥 베껴 쓰는 게 아니라 저자와 대화하면서 쓰는 듯한 느낌을 가지게 된다. 이때 지적 성장을 맛본다고 할 수 있다. 최종 완료한 '필사본 노트'는 책 한권에 대해 저자의 생각과 내 생각을 주고받은 새로운 책으로 탄생하게 된다. 세상에 단 하나밖에 없는 책이 되는 것이다.

필사는 단번에 할 수 있는 작업이 아니다. 필사를 하는 과정에도 부단히 다른 책도 읽어야 한다. 그래야 지식의 교류를 통해 씨줄과 날줄로 촘촘히 엮이면서 새로운 지식의 틀이 짜여질 수 있기 때문이다. 다른 책에서 따온 생각이 필사에 새로운 관점을 심어주기도 한다. 하나에만 몰입되어 있으면 그것밖에 볼 수 없다. 그래서 필사를 하면서도 여러 권의 다른 책을 동시에 읽기를 권한다.

명작을 필사하면 천재들의 영혼과 사고방식을 내 것으로 만들 수 있다. 필사는 독자의 입장에서 책을 읽는 것이 아니라 저자의 입장에서 책을 쓰는 것이다. 저자의 입장에서 쓰다 보니 자연스레 저자의 관점으로 세상을 보는 눈이 생기게 된다. 손으로 쓴 것은 눈으로 읽은 것보다 더 오래 기억에 남는다. 필사의 힘을 믿어라. 그리고 실천하라. 독서의 새로운 경지를 경험하게 될 것이다.

지적대화를 위한 인문고전 활용 Tip 23

"말보다 강한 신체적 대화법, 복수불반분(覆水不返盆)"

대화라고 하면 주로 말만 주고받는 교류라고 치부하기 쉬운데요. 인류는 언어라는 기호세계를 발명하기 전에 오랜 기간을 신체적 대화법으로 소통을 해왔습니다. 눈을 보고, 미소 짓고, 고개를 끄덕이고, 맞장구를 치는 행위는 대화를 더욱 명확하게 만드는 신체적 대화법의 일종입니다. 특히 눈으로 본다는 것은 언어와 행위를 동시에 이해하는 구조를 통해 강한 의사전달력을 갖게 만듭니다. 다음의 일화는 《습유기》에 나오는 강태공의 이야기입니다.

주문왕을 도와 천하를 통일한 강태공은 제나라 왕에 봉해졌다. 하루는 마차를 타고 가는데 갑자기 소리를 지르며 앞을 가로막는 여자가 있어 유심히 보니 오래 전에 집을 나갔던 아내 마 씨였다. 강태공의 전부인 마 씨는 강태공이 주문왕을 만나기 전 생활고에 견디다 못해 강태공을 떠났었다. "여보, 여보. 내가 잘못했소. 이제 돌아왔으니 함께 삽시다." 그러자 강태공은 신하를 시켜 물을 길어 오게 했다. 물을 땅에 쏟아버린 그는 마 씨에게 이렇게 말했다. "한 번 엎지른 물은 다시 주워 담을 수 없고, 한 번 떠난 아내는 다시 돌아올 수 없다."

강태공은 마 씨의 눈앞에서 물을 쏟아버리는 행동을 통해 '도저히 당신과 나는 합쳐질 수 없다'는 뜻을 가장 확실하게 전달했습니다. 여기서 나온 고사성어가 '한 번 쏟은 물은 다시 그릇에 담을 수 없다'는 뜻의 복수불반분(覆水不返盆)입니다. 단순히 말로 하는 것보다 행동을 통해 가장 확실하게 자신의 생각과 의지를 보여준 이야기입니다.

제2차 세계대전을 일으킨 독일의 히틀러는 대중연설에서 말보다 강한 신체적 대화법을 사용했습니다. 그는 전속 사진사로 하여금 리허설 장면을 360도에서 찍도록 했습니다. 그리고 그 사진을 분석해서 더 강렬한 의사전달이 되는 신체적 대화법을 제스처로 만들어 대중을 강렬하게 휘어잡았습니다.

스티브 잡스 역시 아이폰을 소개하는 프리젠테이션에서 말로만 설명하지 않았습니다. 그의 손동작과 움직임은 철저히 계산된 것이었으며 사람들을 집중하게 만들었습니다. 그의 움직임은 단순한 제스처를 넘어 쇼에 가까웠습니다.

강태공, 히틀러, 스티브 잡스는 말보다 강한 신체적 대화법을 사용했습니다. 만약 여러분이 연설이나 발표를 앞두고 있거나, 말보다 강한 의사전달이 필요한 상황이라면 제스처를 연구하시기 바랍니다.

06

생각한 것은 기록으로 남기고 되새김하라

우리는 그저 많은 책을 머리에 채워 넣는 것만으로는 충분하지 않다.

우리가 삼킨 것을 잘 새김질하여 소화시키지 않으면

책은 우리에게 아무런 힘과 자양도 주지 않는다.

– 로크 –

기억에 남기는 독서

많은 사람들이 책을 읽은 후 기억에 남는 부분이 거의 없다고 한다. 나는 그 이유를 '생각을 얼마나 했는가?'에 달렸다고 본다. 그렇다면 생각을 많이 하기 위해서는 어떻게 해야 하는가? 답은 매우 간단하다. 질문을 많이 하는 것이다. 알베르트 아인슈타인(Albert Einstein, 물리학자)은 훌륭한 질문에 대해 다음과 같이 말했다.

"만약 한 시간 동안 문제를 해결해야 한다면 나는 55분을 핵심이 되는 훌륭한 질문을 찾고 결정하는 데 보낼 것이다. 만약 그런 좋은 질문을 내가 찾았다면 나머지 5분 안에 나는 문제를 해결할 수 있을 것이다."

책을 읽는 중간 중간에 드는 생각이나 의문점, 저자와 다른 생각, 바로 떠오르는 질문 등을 책 여백에 써놓으면 된다. 1차 완독을 목표로 가볍게 읽은 후 처음으로 돌아가서 책 여백에 써놓은 메모만 다시 가볍게 읽어보고 생각을 하면 곧 되새김이 된다. 이렇게 질문하고 생각하기를 반복하다보면 기억에 남는 독서가 된다. 그리고 밑줄을 치거나 메모하면서 책을 읽으면 내용을 더 쉽고 확실하게 기억할 수 있다.

일본의 정신과 의사 가바사와 시온의 《외우지 않는 기억술》이라는 책에 보면 밑줄을 치거나 메모하며 책 읽는 법을 추천하고 있다. 그에 의하면 책을 읽으면서 형광펜으로 밑줄을 치거나 메모를 하면 뇌의 다양한 영역을 사용하게 되어 기억에 더 쉽게 남는다고 한다. 이와 함께 저자는 음독도 추천하는데, 뇌 과학의 견지에서 보아도 밑줄을 치며 책을 소리 내어 읽는 것은 뇌를 더 활성화해서 내용을 확실하게 기억하게 한다고 말한다.

기억에 남기는 독서를 위해서는 서평을 쓰는 것도 좋은 방법이다. 《서평 쓰는 법》의 저자 이원석은 독서의 완결은 서평이라고 말한다.

"독서는 그저 책을 읽는 것으로 끝나지 않습니다. 책의 마지막장을 덮은 후에도 책에 대한 독자의 이해와 해석은 계속됩니다.…. 해석은 언어로 표현되어야 합니다. 말과 글을 통해 구체적으로 정리되어야 독서는 완결됩니다."

책을 읽고 나면 반드시 생각을 정리하고 기록으로 남겨야 한다. 그래야 튼튼이 되새김을 통해 완전히 내 것으로 만들 수 있게 된다. 그런 후에야 비로소 책을 읽은 효과가 나타나게 된다. 기록은 꼭 종이에 남기지 않아도 된다.

책에 대한 서평을 동영상으로 유튜브에 올리는 방법도 좋은 방법이다. 읽고-질문하고-생각하고-서평 쓰고-서평 내용을 자신의 목소리로 이야기하는 것을 동영상으로 촬영해서 유튜브에 올린다면 최고의 기억법을 모두 적용한 방법이 된다. 이렇게 하면 뇌의 다양한 부위를 자극하고 기능을 활발하게 해서 책 내용을 확실히 기억에 남길 뿐만 아니라 관심 있는 구독자들에게도 좋은 정보를 줄 수 있다.

읽은 것을 되새김하라.

"인생을 포함해서 많은 것을 변화시키고 싶다면? 먼저 많은 것을 받아들여야 한다. 그러므로 정녕 그렇게 하고 싶다면 먼저 많은 책을 읽고, 많은 경험을 하고, 많은 사고와 견해를 받아들이고, 많은 이들과 소통을 해야 한다."

– 장 폴 사르트르(Jean Paul Sartre, 프랑스의 작가 • 사상가)

물은 100℃에서 끓는다. 삶이 변화되기 위해서는 물이 끓는 것과 같이 임계점을 넘어야 한다. 독서도 마찬가지다. 한 번 읽었다고 삶이 변화되지는 않는다. 한 주제에 대해 한 권의 책을 읽었다면 관련 도서 10권 정도는 더 읽어야 체계적인 지식으로 정립될 수 있다. 이 과정에서 생각이 빠지면 안 된다. 끊임없이 질문하고 생각하는 과정이 필요하다. 기록으로 남긴 후에는 다른 사람에게 전달하는 과정도 필요하다. 그래서 읽고, 묻고, 쓰고, 나누는 과정이 바로 되새김의 과정이라고 할 수 있다.

책을 읽는다는 것은 나를 성장시키기 위함이다. 어제는 하지 못했던 생각을 오늘은 할 수 있게 만들고, 어제는 보지 못했던 것을 오늘은 볼 수 있게 나를 성장시키는 과정이다. 그래서 책을 읽은 후에는 반드시 내 삶에 적용하는 과정이 필요하다. 이 과정 역시 되새김의 과정에 포함된다. 되새김의 마지막 단계라고 할 수 있다. 이 과정을 거치고 나면 비로소 지식이 지혜로 변하는 체험을 하게 된다. 어쩌면 이것이 우리가 추구해야 할 독서의 최종단계라고 할 수 있다.

다산 정약용은 이런 독서를 문심혜두(文心慧竇)라고 했다. 저자의 마음을 깨달아 알고 그것을 바탕으로 지혜의 문을 여는 것이다. 막혔던 생각이 뚫리고 슬기로운 구멍을 내는 이치다. 읽기만 하면 얻을 수 없는 것이다. 그래서 내 삶에 적용해 보아야 비로소 깨달음의 경지에 다다를 수 있다. '저자의 지혜가 끝나는 곳에서 나의 새로운 지혜가 시작된다'라는 말이 적절한 표현이라 하겠다. 깨달음은 책을 읽으면서 생각한 것을 기초로 '내 삶에 어떻게 실천할 것인가?'에 대한 나만의 생각이다. 이러한 나만의 생각이 자연스럽게 '나의 가치관'으로 연결되는 것이다.

기억에 남을 만한 좋은 책을 읽어라.

임재성 작가의 《질문하는 독서법》에 보면 시카고 대학의 인문고전 독서 이야기가 나오는데 왜 좋은 책을 읽어야 하는지 잘 말해준다.

미국의 시카고 대학은 삼류대학이었다. 그러나 5대 총장 로버트 허친스(Robert M Hutchins)가 부임한 후로는 완전히 다른 대학이 되었다. 그는 '시카고 플랜(Chicago Plan)'이라는 교육정책을 시행했다. 인문 교양

교육의 목적으로 세계의 위대한 고전 100권을 읽히는 정책이었다. 그가 고전 100권을 달달 외울 정도로 읽히려는 목적은 바로 다음 세 가지였다.

첫째, 역할 모델을 발견하라.

둘째, 인생의 모토가 될 만한 영원불변한 가치를 발견하라.

셋째, 그 가치에 따른 꿈과 비전을 품어라.

시카고 플랜 정책을 펼친 후부터 시카고 대학은 더 이상 삼류가 아니었다. 졸업생들이 받은 노벨상이 무려 73개나 되었기 때문이다. 하버드나 옥스퍼드 대학보다 더 많은 노벨상 수상자를 배출한 것이다. 노벨상은 인류 발전에 공헌한 사람들에게 주는 상이다. 바람직한 가치의 토대가 있어야 이룰 수 있는 업적인 것이다. 인문고전을 읽으며 깨달은 바에 영원불변한 가치를 품도록 한 것이 대학의 운명을 바꾼 비결이었다.

좋은 책을 읽어야 깨달음을 얻을 수 있다. 이왕 읽을 바에는 수천 년 시간의 검증을 받은 책을 읽어라. 그런 책이 좋은 책이다. 우리가 말하는 인문고전이 여기에 해당된다. 인문고전은 우리 인생에 깨달음이라는 지혜의 선물을 줄 수 있는 책이다. 좋은 책일수록 생각을 많이 하게 만든다. 깨달음과 생각하는 것은 연결되어 있다. 누가 먼저랄 것 없이 생각의 과정에서 깨달음이 만들어지기도 하고 깨달음으로 인해 다시 생각을 만들어 내기도 한다. 이때 반드시 해야 할 일이 앞서 강조한 기록이다. 기록은 생각과 깨달음을 붙잡아 둘 수 있는 수단이다. 기록해 두면 남아 있고, 기록해 두지 않으면 바람처럼 사라진다. 생각과 깨달음을 기록해 두고 시간이 지난 후에 다시 읽으며 생각하면 지혜가 자라게 된다.

지적대화를 위한 인문고전 활용 Tip 24

"부하를 충성하게 만드는 리더의 말솜씨"

송 작가 처음 만나는 사람과 대화를 나눌 때는 긴장해서 쉽사리 이야기에 몰입할 수가 없는데요. 가장 큰 이유는 서로 공통 기반이 없기 때문이죠. 그럴 때는 부주의한 말을 입에 올릴 수 없으니 신중모드로 가게 됩니다. 그런데 너무 신중모드로 가다보면 또 지루하게 되죠. 참 어려운 상황인데요. 좋은 대화법이 없을까요?

김 도사 이때는 인용력을 활용하는 것이 좋습니다. 위인의 경구나 명작 속에서 찾아낸 문구 중에 그 자리에 어울리는 말을 멋지게 인용하는 것이지요. 예를 들어 "셰익스피어는 인간을 매우 잘 묘사하고 있어서 그가 쓴 드라마는 매우 극적이지요"라는 말은 언급해 봤자 그다지 효과적이지 않습니다. 하지만 "셰익스피어는 '세계는 무대, 사람은 배우'라고 말했지요." 라는 식으로 인용하면 상대방의 뇌리에 '아, 셰익스피어가 세상은 무대, 사람은 배우라는 말을 했구나' 하며 이미지를 떠올리게 됩니다.

송 작가 인용력이 좋은 사람은 직장에서도 인정을 많이 받습니다. 훌륭한 문구를 인용하기만 해도 대화가 단번에 지적인 색을 띠고 깊이가 달라지기 때문이죠. 아는 지인 중에 20대의 젊은 신입사원이 있습니다. 그녀가 부장과 함께 중국의 거물급 바이어와 협상을 하는데 진전이 없어서 결렬되기 직전까지 갔다고 합니다. 그때 그 상황에 적합한 《도덕경》의 한 문구가 떠올라 인용해서 설득했더니 깜짝 놀라며 《도덕경》을 읽었냐고 묻더랍니다. 그녀가 '그렇다'고 답변하자 중국 바이어는 자세를 다시 고쳐 앉더랍니다. 그 후 협상은 다시 잘 진행되어 좋은 결과를 얻을 수 있었다고 하는데요. 고전을 인용하는 대화법은 대화를 하는 상대방도 품격이 높아지게 만드는 효과가 있습니다.

김 도사 대화 중에 자연스럽게 고전의 문구를 인용하려면 인용력을 습득해야 합니다. 우선 어떤 책을 읽다가 마음에 드는 문구를 발견하면 밑줄을 긋고 다른 사람에게 이야기하면서 기억에 남겨서 자신의 것으로 만드는 거죠. 명작을 읽을 때는 얼마나 심도 있게 읽었는가에 따라 흡수도가 달라집니다. 흡수도는 핵심 이야기를 다른 사람에게 잘 전달하는 연습을 하다보면 자연스럽게 향상되죠. 이런 준비를 갖추면 처음 만나는 사람이라도 공감할 수 있는 문구를 인용해서 어색하지 않게 지적인 대화를 할 수 있습니다.

제5장

100년 후에도 변하지 않는 인문고전의 가치

01

변하지 않는 인간의 문제, 인문고전이 답이다

지혜로운 사람은 자기 인생의 사명을 알고 있는 사람을 가리킨다.

– 톨스토이 –

인생을 바꾸는 운명의 한 문장

"왼쪽 어깨", "바나나"

아프리카 원주민들 사이에서는 산모가 출산할 때 아버지가 술에 취한 상태에서 위와 같이 아무 말이나 지껄이면 그게 태어나는 아이에게 금기가 되는 말이 된다고 한다. 이 사실은 아프리카의 성자라고 불리는 슈바이처 박사가 원주민들의 금기에 관해 전하면서 세상에 알려지게 되었다. "왼쪽 어깨"라고 하면, 아기의 왼쪽 어깨가 금기가 되어서 왼쪽 어깨를 얻어맞으면 죽게 된다고 믿는다. "바나나"라고 외치면, 평생을 살면서 바나나를 먹게 되면 죽게 된다고 믿는다.

슈바이처 박사는 실제 금기어로 인해 죽은 사례를 많이 보았다고 한다. 예를 들어 바나나 금기어를 받은 원주민이 있었다. 그는 평생 바나나를 먹지 않고 살았다고 한다. 하루는 바나나 요리를 한 냄비를 씻지 않고 다른 요리를 했는데, 그 요리를 먹은 원주민이 맛있게 먹은 후 아무렇지도 않았다고 한다. 그런데 다른 원주민이 그 냄비에 바나나 요리를 했었다고 이야기하자 얼굴이 새파랗게 질리더니 온몸에 경련을 일으키고 쓰러져 죽었다고 한다. 실제 바나나를 먹고 죽을 사람은 없다. 자신의 금기어에 대한 운명적 집착이 얼마나 강한지를 보여주는 일화다.

우리 주변을 보면 성공한 사람들, 훌륭한 사람들은 모두 습관적으로 나쁜 암시는 받아들이지 않는 공통점을 발견할 수 있다. 스스로 운명을 만드는 운명의 한 문장을 좋은 암시로 받아들이고 있다. 이들은 바나나가 금기어가 아니라 힘의 원천으로 받아들이는 사람들이다. 마치 '뽀빠이'가 시금치를 먹으면 평상시보다 10배의 힘을 발휘하는 것처럼 말이다.

"내가 아는 유일한 것은 내가 아무것도 모른다는 사실이다."

이 문장은 플라톤의 《대화》 속에 나오는 말이다. 〈샘표식품〉 박진선 사장은 이 문장에서 겸손을 배웠다고 한다. 이 겸손은 〈샘표식품〉의 인재상을 구성하는 세 가지 요소 중 으뜸이 됐다. 겸손하면 커뮤니케이션이 잘 되고, 커뮤니케이션이 잘 되면 협업이 잘 이루어지며, 당연히 일의 성과도 커지게 된다.

〈비트컴퓨터〉 조현정 회장은 "사람은 마흔이 넘으면 자신의 얼굴에 책임을 져야 한다"는 에이브러햄 링컨 대통령의 말 덕분에 '평생 몸담을 분야에서 최고의 전문가가 되고, 시간을 스스로 통제하는 한편, 도덕성을 잃지는 않겠다'는 결심을 하게 되었다고 한다. 그녀는 10년 주기로 삶의 목표를 재설정하면서도 이 세 가지만은 잊지 않고 유지하고 있다.

인생의 현자들로 불리는 영성 높은 인물들의 현명한 목소리를 생생하게 듣는다는 것은 인생의 축복이다. 박진선 사장이나 조현정 회장은 운명의 한 문장을 통해 자신의 삶을 극적으로 바꾼 사람들이다. 우리는 언제나 영원히 살 것처럼 일하고, 영원히 살 것처럼 고민하고, 영원히 살 것처럼 불안해하고 두려워한다. 하지만 죽음은 언제나 우리 삶에 함께하는 한 부분임을 깨달아야 한다. 그래서 짧다면 짧은 우리 인생에 현자들의 주옥같은 조언은 '어떻게 살 것인가?'에 대한 답을 제시해 줄 수 있는 것이다. 우리가 책을 읽고 생각을 하고 깨달음을 얻는 목적이 여기에 있다.

인문고전이 답이다.

인격적 성숙의 단계는 어떻게 거쳐야 하는가? 나는 그 답을 인문고전에서 찾았다. 어떤 사람은 "철학이 밥 먹여 주냐?", "인문고전 공부? 고리타분한 이야기 하고 있네!"라고 반문할 수 있다. 그런데 막상 우리의 일상을 들여다보면 늘 선택하는 삶을 살고 있다. 선택을 한다는 것은 옳고 그름을 기준으로 나의 가치관이 투영된 것이다. 이런 가치관이 제대로 서 있어야 일과 삶에서 인생의 의미를 찾을 수 있다. 그럼 이런 가치관은 어떻게 형성되는가? 누가 알려 주는 것도 아니다. 내가 공부를 해야 하는 것이다. 이때 효과적인 방법이 선인들의 오랜 지혜와 통찰을 공부하는 것이고 그 공부가 인문고전 공부이다.

그럼 인문고전 공부는 어떻게 해야 하는가? 나는 모든 배움에는 스승이 필요하다고 본다. 물론 독학으로 성공하는 사람도 있다. 하지만 인생 2막을 준비하는 중년들에게는 시간이 충분하지 않다. 아직 세상에 나가기 전인 대학생이라면 4년 동안 독학으로 지독하게 공부하면 지혜와 통찰을 가질 수 있을 것이다. 하지만 중년들은 스승을 만나야 한다. 혼자 공부하겠다고 삽질하면 언제 생각의 문이 열릴지 모른다. 중장비를 투입해서 제대로 길을 닦아야 한다. 독학이 삽질이라면 스승을 구하는 것은 포크레인을 투입하는 것이다. 제대로 배워야 한다. 강연과 독서 토론으로 생각을 확장하고, 글을 쓰면서 생각을 나누는 활동들이 필요하다.

술 마실 시간에 책 보고, 술 마실 돈으로 강연을 들어라. 지금 당장 써먹지 못하는 공부라고 생각하면 안 된다. 목적이 이끄는 삶이 되기 위해서는 정신의 영역을 먼저 다듬어야 한다. 그런 이후에 행동으로 실천하는 공부를 해야 한다. 이는 자기계발이 먼저냐 인문고전으로 정신을 세우는 게 먼저냐의 틀로 보면 된다. '사상누각(沙上樓閣)'이라는 말이 있다. '모래 위에 누각을 짓는 것과 같다'는 뜻이다. 기초의 불완전성은 건축물을 무너지게 할 수 있다는 경고의 의미이다. 탄탄한 기초에 해당하는 것이 인문고전 공부다. 그 위에 자기계발의 건축물을 올려야 한다. 그래야 무너지지 않고 오래가는 명품이 만들어지는 것이다.

소크라테스, 데카르트 그리고 나. 이 세 사람은 공통점이 있다. 여러분은 무엇이라 생각하는가? 사람이다. 눈이 두 개다. 입이 하나다. 귀가 두 개다. 뭐 이런 이야기를 하자는 게 아니다. 소크라테스는 10년 동안 포티다이아 전쟁, 델리움 전쟁, 암피폴리스 전쟁에 참전해서 스파르타와 싸웠다. 그는 전쟁터에서 보여준 용맹으로 아테네 최고의 전사라는 찬사를 받았다. 데카르트도 자원입대해서 전쟁에 참가했다. 그리고 전쟁터에서 꿈을 꾸고 새로운 철학을 시작해야겠다는 영감을 얻었다고 한다. 마지막으로 나는 아프가니스탄 전쟁에 참전했다. 국위 선양과 전쟁으로 폐허가 된 아프가니스탄의 재건을 지원하기 위해서였다.

나는 전쟁터에서 삶과 죽음을 깊게 생각했다. 부끄럽지만 소크라테스처럼 최고의 찬사는 받지 못했고 대신 '보국포장'이라는 정부 포상을 받았다. 데카르트처럼 철학을 시작해야겠다는 영감을 얻지는 못했지만 인간에 대한 호기심이 일어났다.

이 세 명의 공통점은 '전쟁에 참가했다'라는 사실이 아니라 '전쟁에서 인간을 제대로 알게 되었다'는 것이다. 자신의 죽음에 대한 공포 앞에서는 그 어떤 부귀영화도 의미가 없다. 그런 반면 남의 죽음 앞에서는 나의 이익을 먼저 생각하는 게 인간이다. 그래서 전쟁 영화에 보면 죽은 병사의 소지품을 노획하는 모습이 종종 보인다. 살아 있는 대상에게서는 양심이라는 것이 그런 본능을 걸러 준다. 그런데 생명이 없는 주검 앞에서는 양심의 걸림망이 확장되어 새어나간다. 이것이 본능이고 인간이었다. 이런 전쟁경험이 나를 인문학에 대한 열정으로 이어지게 했다.

내 인생을 어떻게 살겠다는 목적 없이 그냥 되는대로 살다 보면 시간이 너무 빠르게 지나간다. 허겁지겁 남들 따라 이 학원 저 학원 기웃거리며 자기계발 한다고 해 봤자 의미가 없다. 내가 누구인지도 모르고 어떻게 살 것인지도 모르는데 자격증이 무슨 의미가 있겠는가? 그래서 인생에 깨달음을 주는 공부를 해야 한다. 그 깨달음은 수천 년 이어져 온 지혜의 소금 창고인 인문고전에 답이 있다. 인문고전에서 내 인생을 바꾸는 운명의 한 문장을 만난다면 성공한 공부라고 할 수 있다. 이제 불필요한 공부로 더 이상 삽질하지 말고 내 인생의 큰 길을 먼저 닦아라. 그런 후에 하나씩 다져 나가면 목적이 이끄는 삶이 된다. 인생 2막, 인문고전 공부 하나면 충분하다. 나머지는 저절로 따라오게 되어 있다. 왜냐면 그게 수천 년 내려온 진리이기 때문이다.

지적대화를 위한 인문고전 활용 Tip 25

"말만 번드르르한 사람에게, 지자불언 언자부지(知者不言 言者不知)"

감정적으로 자신을 합리화 하거나 특정 상황을 모면하기 위해 말만 번드르르하게 하는 사람이 있습니다. 이런 사람은 상황을 제대로 살피지 못하면서 자신의 생각만 그럴싸하게 내세우죠. 바로 공자가 항상 경계하라고 했던 교언영색(巧言令色)의 사람입니다. 장자는 이런 사람을 빗대어 '개가 잘 짖는다고 해서 좋은 개라고 할 수 없듯, 사람이 말을 잘 한다고 현자라고 할 수 없다'라고 했습니다. 《논어》의 선진편에 보면 공자가 말만 잘하는 자를 경계하라는 이야기가 나옵니다.

자로가 아직 경험이 없고 나이도 어린 자고를 비 땅의 읍재(고을 수장)로 삼자 공자가 말했다. "남의 자식을 망치는구나." 그러자 자로가 대답했다. "다스릴 백성이 있고, 받들 사직이 있는데 하필 책을 읽고 난 후에야 공부를 했다고 하겠습니까?" 공자가 말했다. "이래서 말 잘하는 자를 미워하는 것이다."

여기서 자로가 한 말은 '굳이 공부를 하고나서 읍재로 부임해야 합니까? 읍재가 된 후 배우면서 해도 되지 않습니까?'라는 의도로 말한 것입니다. 이를 두고 공자는 말만 번드르르하게 하는 자를 미워한다고 말하죠.

이와 비슷한 일화로 《춘추좌전》에 정나라 '자산'의 이야기가 있습니다.

정나라 조정 원로가 총애하는 가신을 지방 고을의 읍재(고을 수장)로 보내고 싶어 했다. 자산은 그가 무경험자라며 반대했다. 그러자 원로가 "그는 내가 아끼는 젊은이라 이번 기회에 정사를 배우게 하고자 한다"라고 말했다. 이에 자산은 이렇게 대답했다. "나는 배운 뒤에 정사에 입문한다는 말은 들었지만 정사를 학습의 대상으로 삼았다는 말은 듣지 못했습니다. 그가 읍재가 된다면 그에게도 불행이요, 고을 백성에게도 해로운 일이 될 것입니다."

위 두 일화는 충분한 공부와 경험을 통해 완전히 준비를 한 다음 정치를 해야 자신은 물론 백성들도 고통을 겪지 않는다는 것을 강조하고 있습니다. 그럼에도 불구하고 '배우면서 열심히 하면 되지 않는가?'라는 그럴싸한 논리를 제시하자 말만 번드르르하게 하는 미운사람이라고 표현한 겁니다. 이런 사람에게는 《도덕경》에 '지자불언 언자부지(知者不言 言者不知)'라는 구절을 들려주기 바랍니다. '아는 자는 떠들어대지 않고, 떠들어대는 자는 알지 못하는 자이다'라는 뜻입니다. 인격이나 경험이 충분한 사람은 굳이 떠들어대지 않아도 그 자리에 적격이라는 말이 나오게 마련입니다. 자질이 안 되는 사람을 천거하니 잘 알지도 못하면서 떠들어대는 꼴이 되는 거죠. 부족한 것을 계속 포장해야 하니 우습게 된다는 겁니다.

02

인문고전 독서가 만들어낸 기적들

진리의 탐구가 시작되는 곳, 그곳에서는 반드시 생명이 시작된다.
그러나 진리의 탐구가 중단되면, 그 즉시 생명도 중단된다.

– 존 러스킨 –

세계 최고의 부자는 어떤 책을 읽는가?

부자들은 사람과 책을 통해 세상 사는 이치를 배운다. 새로운 일을 하거나 어려운 문제를 해결해야 할 때 전문가를 멘토로 삼고 성장하는 경우가 많다. 자신의 생각만 가지고는 성공하기 힘들다는 것을 알기 때문이다. 워렌 버핏(1930~, 버크서 해서웨이 회장)은 인문고전 독서가인 찰스 멍거를 스승으로 두고 있다. 멍거는 2016년 주주총회 답변에서 참석자들이 인문학적 교양을 쌓는 것의 중요성을 다음과 같은 말로 강조했다.

"돌아보면, 돈을 더 많이 벌지 못한 것이나 더 유명해지지 못한 것은 후회되지 않습니다. 더 빨리 현명해지지 못해서 유감스러울 뿐입니다. 그래도 다행스러운 것은, 내 나이 92세에도 여전히 무식해서 배울 것이 많다는 사실입니다."

이런 인문고전 스승을 옆에 두고 있으니 워렌 버핏이 지혜로운 투자를 하는 것은 어쩌면 당연한 것일지도 모른다. 하지만 워렌 버핏의 인문고전 독서도 스승에 못지않게 유명하다. 그는 어렸을 때 아버지를 통해 에머슨(1803~1882, 미국의 사상가, 시인)을 접했고 이후 에머슨의 작품들은 그의 평생 애독서가 되었다. 그는 매일 깨어 있는 시간의 삼분의 일을 독서하며 보내는 것으로 유명하다.

세계 최고의 부자들은 저마다 독서에 대한 이야기를 하면서 성공의 비결이었다고 말한다.

"어릴 적 나에겐 정말 많은 꿈이 있었고, 그 꿈의 대부분은 많은 책을 읽을 기회가 많았기에 가능했다고 생각한다."

마이크로소프트사의 창업자, 세계 최대 갑부 빌게이츠의 말이다. 그는 세계 최고의 부자이자 1만 4,000여 권에 달하는 장서를 보유한 독서광이다. 그는 언론 인터뷰에서 "인문학이 없었다면 컴퓨터가 없었을 것이고, 당연히 나도 없었을 것이다"라는 말로 유명하다. 마이크로소프트사의 시장 독점 및 특허 소송 위기에 부딪혔을 때《손자병법》에서 지혜를 구하기도 했다.

이에 질세라 일본의 정보통신 재벌인 소프트뱅크 회장 손정의는 젊은 시절 만성 간염에 걸려 병원에 입원한 적이 있었다.

"나는 병원에 입원해 있으면서 1만 권의 책을 읽었다."

그가 병원에서 읽은 책은 대부분이 인문고전이었다. 특히 《손자병법》을 읽고 강렬한 영감을 받았으며, 자신만의 경제병법인 〈제곱병법〉을 창시했는데 이를 통해 가난한 사업가에서 일본 최고의 부자가 되었다.

중국 〈청쿵 그룹〉 회장이자 아시아 최고의 갑부인 리자청(1928~, 중국의 사업가)은 '잠들기 전 30분 독서' 원칙을 평생 지켜오고 있다. 주로 철학, 역사, 경제서적을 읽는다. 매주 일요일마다 자녀들에게 고전을 읽어주고 함께 토론하는 것으로 유명하다. 그의 아들은 이렇게 말한 바 있다.

"아시아 재벌 1위인 아버지는 비즈니스로 돈 버는 방법을 가르쳐주지 않았다. 대신 《논어》와 《맹자》같은 고전을 통해 인간관계를 맺는 법을 가르쳐 주었다."

페이스북 최고 경영자이자 최연소 억만장자인 마크 주커버그는 미국 명문 사립학교 중 최고라는 필립스 엑스터 아카데미를 졸업했고, 하버드 대학교를 중퇴했다. 이미 학창 시절에 학교 교육과정을 통해 대부분의 고전을 섭렵한 그의 취미는 그리스 로마 고전을 원전으로 읽는 것이었다.

세계 최고의 부자들은 인문고전 독서로 부자가 되었고, 부자가 되고 나서도 독서를 계속하여 최고의 인문고전 독서가로 불린다. 그들은 눈앞의 이익이나 위기에 흔들리지 않는 자신만의 '철학세포'를 가지고 있는 사람들이다. 그리고 천문학적인 재산을 기부하면서 '돈은 인간을 섬기기 위해 주어진 것'이라는 신념을 실천하고 있다.

교양의 저력이 기적을 만든다.

벤저민 프랭클린은 인문, 사회, 자연과학을 아우르는 통합학문 교육의 창시자였다. 그는 미국 역사 초기에 바람직한 교육이란 어떤 것인지에 관해 훌륭한 모형을 제시했다. 그는 전통적인 고전분야뿐만 아니라 실용적인 지식도 함께 다루어야 한다고 주장했다. 청년들이 장래에 희망하는 직업을 위한 교육과 인생을 사는 데 가장 유용한 인문고전을 배워야 한다고 했다. 특히 그는 역사의 중요성을 강조했는데 "거의 모든 유용한 지식은 역사를 읽는 과정에서 배울 수 있다"고 말했다. 그에게 역사란 의미 있고 가치 있는 모든 것을 아우르는 개념이었다.

역사를 배운다는 것은 철학, 논리학, 수학, 종교, 정치, 법, 화학, 생물학, 보건, 농업, 물리학, 외국어를 공부하는 것을 의미했다. 세상의 역사를 읽게 되면 인간사에 관한 다양한 분야의 서로 연관된 지식을 발견하게 될 것이라고 말했다. 펜실베이니아 대학의 인문과학대 학장이었던 비맨 박사는 벤저민 프랭클린의 교육자로서의 성공원칙에 대해 다음과 같이 말했다.

"학생은 반드시 읽기, 쓰기, 연산, 신체단련, 대중연설과 같은 기본적인 자질을 갖추어야 한다. 그런 후 다양한 지식체계를 공부한 다음, 마지막으로 그 다양한 지식체계들 사이에 존재하는 연관성을 찾아내도록 생각하는 습관을 함양하는 가르침을 받아야 한다."

프랭클린의 '생각하는 습관 함양에 대한 가르침' 제안 이후 미국은 250년 동안 최선의 방법을 찾아서 발전시켜왔다. 인문학으로 세상 사는 지혜를 얻도록 교육체계를 정립하고 발전시켜 온 나라들은 교양의 저력을 기적으로 바꾼 나라들이다. 단순한 비교 예로 노벨상 수상자를 기준으로 보면 다음과 같다.

1위 미국(375명), 2위 영국(129명), 3위 독일(108명), 4위 프랑스(69명), 5위 스웨덴(32명), 6위 일본(27명), 7위 캐나다(26명), 7위 스위스(26명), 9위 러시아(25명), 10위 오스트리아(21명) 순이다.

그런데 한 가지 주목할 점은 미국이다. 미국의 시카고 대학은 89명의 노벨상 수상자를 배출했는데 1개 대학의 노벨상 수상자 수가 프랑스(69명)보다 20명이나 많다는 것이다. 미국이 단연 압도적인 숫자로 많은 노벨상 수상자를 배출할 수 있었던 것은 250년 전 벤자민 프랭클린의 대학교육에 대한 설계가 있었기 때문이다. 그가 주장한 전문지식과 인문고전 교양교육의 저력이 기적을 만든 것이다. 이것이 미국의 힘이다.

지적대화를 위한 인문고전 활용 Tip 26

"같은 상황 다른 대화. 그때그때 달라요"

송 작가 같은 농담이라도 이 사람은 박장대소하며 웃고, 다른 사람은 시큰둥하게 반응하는 경우가 있는데요. 대화도 마찬가지라는 생각입니다. 그래서 같은 질문에도 상대가 누구냐에 따라 대답이 달라져야 올바른 대화법이 될 수 있죠.

김 도사 맞습니다. 우리가 학교에서 배우는 지식은 시험문제를 풀듯 항상 정답이 있었죠. 하지만 사회로 나오게 되면 정해진 답은 창의성의 범주에서 새로운 답으로 바뀌어버리기도 합니다. 그래서 상황과 상대에 따라 적절한 대화가 필요하죠. 《논어》 선진편에 보면 '같은 물음 다른 대답'의 이야기가 나옵니다.

자로가 공자에게 물었다. "좋은 말을 들으면 곧 실천해야 합니까?" "부모형제가 있는데 어찌 듣는 대로 바로 행하겠는가?" 다음에 염유가 같은 질문을 하자 공자가 대답했다. "들으면 곧 행해야 한다." 그러자 공서화가 물었다. "왜 자로와 염유의 같은 질문에 다른 대답을 하십니까?" 이에 공자가 대답했다. "염유는 소극적인 성격이라 적극적으로 나서도록 한 것이고, 자로는 지나치게 적극적이어서 물러서도록 한 것이다."

공자는 같은 질문에 대해 제자의 성품에 따라 각자에게 필요한 맞춤형 답을 제시합니다. 나대는 성격의 자로에게는 신중한 처신을, 지나치게 신중하고 소극적인 성격의 염유에게는 적극적인 실천을, 그리고 이 상황을 이해하지 못하는 공서화에게는 세심한 설명으로 상황을 깨닫게 하고 있죠.

송 작가 리더는 부하에게 지시하거나 대화할 때 그 사람의 특성이나 전문분야를 확인하고 그 사람에게 맞는 말을 해야 합니다. 그렇게 하면 부하는 신뢰를 받았다는 기분에 의욕을 끌어올려 최고의 성과를 내게 될 것입니다.

김 도사 직장에서 리더의 위치에 있는 분들은 부하직원과 대화 시에 맞춤형 대화가 필요하죠. 그런 대화에 익숙하지 않으시다면 《논어》를 읽어 보시기 바랍니다.

03

생각이 다르면 보는 것도 달라진다

이 세상은 정말 훌륭하게 조성되어 있다. 언제 어디에 있든지 간에 그 속에 존재하는 우리는 다른 모든 것과 조화롭게 어우러져 있다.

– 요한 볼프강 폰 괴테 –

천재들의 생각은 어떻게 다른가?

역사 속의 천재들은 독서하고 사색하며 깨달음을 얻은 사람들이다. 그런데 그 깨달음만으로 위대한 인물이 되지는 않았다. 공통적으로 알 수 있는 것은 무엇보다 특별한 생각이 있었다는 것이다. 바로 '인류를 위한 위대한 열정'과 '사랑'이다. 이 두 가지가 있어야 깨달음이 위대한 업적으로 이어질 수 있었다.

이지성 작가의《리딩으로 리드하라》에는 역사 속 천재들의 위대한 열정과 사랑에 대한 사례가 많이 있다. 그 중에서도 프랑스 드골 대통령과 존 스튜어트 밀에 대한 이야기는 많은 공감을 불러온다. 다음은 그 내용 중 일부를 발췌한 것이다.

프랑스 역사상 가장 위대한 대통령이었다는 평가를 받는 샤를 드골은 인문고전 독서교육의 전통을 수백 년 넘게 지켜 온 명문가 중의 명문가에서 태어났다. 그는 다섯 살이 되기 전부터 역사 고전을 읽었고 열 살부터는 플라톤, 칸트, 니체, 괴테 등이 저술한 철학, 문학 고전을 읽었다. 십대 시절 가장 좋아했던 취미가 그리스 및 로마 원전의 구절을 암송하는 것이었다. 샤를 드골의 삶은 그가 남긴 명언 "위대해지려고 각오한 자만이 위인이 될 수 있다"라는 말에서 볼 수 있듯이 '위대함을 향한 열정'으로 요약할 수 있다.

드골에게는 특별한 습관이 있었다. 그는 열 살 때부터 매일 밤 침대에 들기 전에 하나의 의식을 치렀다. 일기장에 적어놓은 '하나님이시여, 나를 위대하게 사용하옵소서'로 요약되는 기도를 올리는 것과 주기도문을 외우는 것이었다. 드골은 자신의 기도가 응답 받았다고 믿었다. "나는 위대한 일을 하기 위해 태어났다"는 그의 믿음은 평생 한 번도 흔들리지 않았다. 드골의 그런 믿음은 그의 인문고전 독서에 결정적인 영향을 미쳤다. 즉 샤를 드골의 '위대함을 향한 열정'이 위대한 고전을 남긴 천재들의 마음과 통했다. 그리고 그 '통함'이 그의 인생에 기적을 만들어 냈다.

존 스튜어트 밀은 프랑스만 생각한 샤를 드골보다 한 차원 높은 인류를 위한 '위대함을 향한 열정'을 불사른 인문고전 독서가였다.

"《입법론》의 마지막 권을 다 읽고 났을 때 나는 사람이 달라졌다.(중략) 이제 나는 내 의견을 가지게 되었다.(중략) 그리고 이것을 남에게 가르쳐 주고 또 이것을 널리 퍼뜨림으로써 외부에 대한 내 일생의 주요 목적으로 삼을 수 있었다. 그리고 그 학설을 통해서 인류의 상태를 여러모로 변화시켜 보려는 하나의 웅대한 상념이 내 머리에 떠올랐다."

"위대한 존재가 되고픈 나의 야망은 끝이 없었고, 인류의 미래를 위한 일에 대한 열정은 내가 가진 가장 강렬한 감정이었다."

"나는 전 인류의 운명을 마음속으로 늘 깊이 생각하고 있었다. 그 생각은 나 자신과 절대로 분리될 수 없는 것이었다."

샤를 드골이나 존 스튜어트 밀은 조국을 향한, 인류를 향한 천재적인 사랑이 있었다. 때문에 천재적인 깨달음을 얻을 수 있었고, 그들의 깨달음은 곧 인류의 새로운 역사가 될 수 있었다. 이렇듯 역사 속의 천재들의 생각은 개인적인 안위와 영광에 머물러 있지 않았다. 그들의 생각은 어떻게 하면 인류에게 도움이 될 것인지를 늘 생각하고 있었다. 개인이 아니라 인류를 위한 생각을 해야 보는 것도 달라진다.

열정에 맞게 생각하라.

"손자가 말하기를, 병법은 적국을 온전히 보존하면서 이기는 것을 으뜸으로 치고 적국을 쳐부수는 것은 그 다음이다. 또한 적군을 온전히 보존하면서 이기는 것이 으뜸이며, 적군을 전멸시키는 건 그 다음이다. 그래서 100번 싸워 100번 이기는 것을 최고라 하지 않는다. 싸우지 않고 굴복시키는 것을 최고라 한다."

《손자병법》에 나오는 말이다. 적국을 '쳐부수겠다'는 생각을 하는 사람은 물리적인 전투에서의 승리만 생각하는 사람이다. 적국을 굴복시키고 그 백성들을 포용해서 더 강한 국가로 만들겠다는 생각을 하는 사람은 싸우지 않고 이기는 방법을 찾는다. 즉, 내가 어떤 생각을 하느냐에 따라 방법과 수단이 달라지고 결과도 다르다는 이야기다.

우리 인생도 마찬가지다. 내가 어떤 생각을 가지고 사느냐에 따라 보여지는 것이 달라진다. '망치를 들고 있는 사람은 모든 것이 못으로 보인다'는 말처럼 한 가지 좁은 시각으로만 세상을 바라보면 나의 그릇은 점점 더 작아지고 스스로 만든 틀 속에 나를 가두게 된다. 일단 한 번 틀 속에 갇히게 되면 천재성, 잠재력, 예술성은 모두 억압받게 된다. 그저 주어진 일만 반복하는 삶이 되어 버린다. 이렇게 되면 열정이 살아 숨쉴 수 없게 된다. 그래서 얼어붙은 생각의 얼음을 깨야 하는 것이다. 카프카는 "책을 읽는다는 것은 얼어붙은 내 생각의 얼음을 깨는 도끼다"라고 했다. 독서로 생각의 틀을 깨야 한다. 그것도 수천 년 동안 살아남아서 전해져 온 인문고전의 지혜로 말이다.

공자의 《논어》〈위정〉편에 보면 이런 말이 나온다.

"공자는 말했다. 군자는 그릇처럼 한 가지 용도만 있는 것이 아니다." 이 말은 자신을 한 가지 용도로만 사용되는 틀 속에 가두지 말라는 의미다. 많은 사람들이 인생 초반에 선택한 직업이나 직종에서 평생 벗어나지 못하고 그것만 하면서 살아가고 있다. 생각이 달라져야 보는 게 달라지고 인생이 달라진다. 고정관념의 틀을 깨야 한다.

세계에서 가장 높은 산인 에베레스트를 정복하기 위해 수많은 사람들이 도전했다. 1988년 이전에는 1년에 3명 정도만 그 산을 정복할 수 있었다. 하지만 1988년을 기준으로 이후부터는 에베레스트 산을 정복하는 인원이 기하급수적으로 늘어나기 시작했다. 갑자기 이렇게 늘어난 데는 이유가 있었다. 바로 고정관념의 틀에서 벗어났기 때문이다. 1988년 이전까지는 에베레스트를 등정하고자 하는 모든 원정대는 해발 2,000~3,000미터 지점에 베이스캠프를 설치했다. 하지만 1988년에 에베레스트 정복에 나선 한 팀은 해발 5,000미터의 높은 지점에 베이스캠프를 설치했다. 그러자 성공 확률이 갑자기 엄청나게 높아져버렸다. 그것을 본 다른 팀들이 따라하면서 성공하는 사람들이 늘어나게 된 것이다.

우리의 한계를 결정짓는 것은 육체적, 물리적 조건이나 환경, 부족한 실력이나 능력이 아니라 우리 사고의 틀이다.

인문고전에서 만나게 되는 위대한 인물들은 생각하는 게 달랐다. 스스로의 능력을 한정 짓지도 않았고 개인의 안위를 위해서만 열정을 불태우지도 않았다. 그들은 더 큰 생각을 한 사람들이었다. 인류를 위한 생각, 고정관념의 틀을 깨고 인간 승리를 일궈낸 사람들이었다. 생각하는 것이 다르면 보여지는 것도 달라진다. 치열하게 인문고전 독서를 해야 하는 이유가 바로 여기에 있다. 역사 속 천재들의 위대한 생각을 따라가다 보면 어느새 내가 생각하는 방법도 달라지게 된다.

지적대화를 위한 인문고전 활용 Tip 27

"오늘 이 자리에 있는 모든 자는 갓끈을 끊어라"

조직을 이끄는 리더는 무엇보다도 공정한 신상필벌의 원칙이 중요합니다. 하지만 뜻하지 않은 작은 실수까지 찾아내 벌을 주는 것은 오히려 득보다 큰 손해가 되기도 하죠. 아무리 뛰어난 인재라고 해도 작은 허물이 있기 마련이고, 아무리 완벽한 사람이라고 해도 실수를 범할 수 있기 때문입니다. 《설원》에 나오는 초나라 장왕의 갓끈 이야기는 리더의 담대한 모습을 잘 보여주는 일화입니다.

초장왕이 여러 신하와 함께 잔치를 벌이고 있었다. 갑자기 등불이 꺼졌고 한 후궁이 소리쳤다. "지금 불이 꺼진 틈에 어떤 자가 첩을 희롱했습니다. 제가 그 자의 갓끈을 끊어 가지고 있으니 등불이 켜지면 갓끈 끊어진 자를 찾아서 벌주십시오." 이 말이 떨어지자 장왕이 말했다. "오늘 이 자리에 있는 모든 자는 갓끈을 끊어라. 만약 갓끈을 끊지 않는 자가 있다면 이 자리가 즐겁지 않다는 것으로 생각하겠다." 이 말에 그 자리에 있던 모든 신하들은 갓끈을 끊었고, 그 후에 등불이 켜져 흥겹게 잔치를 이어갈 수 있었다.

순간의 실수로 인해 비극의 현장이 될 뻔했으나 장왕의 담대한 임기응변으로 슬기롭게 넘어갈 수 있었습니다. 실수한 신하는 3년 후 진나라와의 전쟁에서 큰 공을 세웁니다. 그리고 장왕 앞으로 나아가 자신은 3년 전에 이미 죽은 목숨이었으나 왕의 은혜로 살았으며 그 은혜에 보답하기 위해 죽기를 각오하고 싸웠다고 말합니다. 초장왕은 리더로서 대범한 모습을 보였기에 목숨을 걸고 충성을 바치는 충신을 얻을 수 있었던 거죠.

리더는 이런 상황에서 멋지게 대응하는 임기응변이 필요합니다. 그 임기응변에는 조직과 사람을 사랑하는 가치관, 그리고 훌륭한 인격이 뒷받침되어야 합니다.

04

인문고전에서 찾은 100억 부자의 생각의 비밀

직장인 마인드가 아닌 100년 마인드로 생각하고 일하라.

100년 마인드로 일하기에 결코 눈앞의 현상에 일희일비 하지 않는다.

– 김도사 –

창조적 파괴를 경험하라.

김도사의《100억 부자의 생각의 비밀》에 보면 3단계의 핵심적인 변화 단계를 거쳐 100억대의 부자가 될 수 있었음을 알 수 있다. 다음의 글은《100억 부자의 생각의 비밀》에서 김도사의 성공요인을 분석한 내용이다.

나는 꿈을 이루는 과정에서 헤아릴 수 없을 만큼 고통을 맛봐야 했다. 좌절과 절망의 벽에 가로막혀 수차례 자살을 생각하곤 했다. 사실 여러 번의 죽을 고비를 넘기기도 했다. 그때마다 하나님의 은혜로운 손길이 나를 살리셨다. 살아오면서 내가 깨달은 것이 있다. 시련은 변형된 축복이라는 것이다. 헤르만 헤세의 작품《데미안》에 보면 창조적 파괴라는 말이 떠오르는 문장이 있다.

"새는 알을 깨고 나온다. 알은 새에게 하나의 세계이다. 하지만 태어나려고 하는 생명은 하나의 세계를 파괴하지 않으면 안 된다."

시련은 새의 알과 같다. 알에서 새가 되기 위해선 힘들고 고통스럽더라도 단단한 알을 깨고 나와야 한다.

과거 나는 작가의 꿈을 이루기 위해 4년 동안 원고를 썼다. 그럼에도 불구하고 출판사로부터 500번이나 퇴짜를 맞아야 했다. 당시 경제적으로 너무나 힘든 상황이었던 나는 부정적인 생각과 말을 많이 했다.

'정말 죽어라고 썼는데, 왜 계약이 안 되는 거지? 내가 작가가 될 수 있을까?'

'언제까지 투고해야 출판 계약이 될까? 정말 지긋지긋하네!'

'정말 짜증나! 왜 나는 되는 일이 없을까!'

그러다 어떤 계기로 자기계발서를 읽게 되었다. 그 책에는 긍정의 생각과 말을 함으로써 일이 술술 잘 풀린다고 적혀 있었다. '정말 그럴까?' 생각하며 나의 생각 습관과 말버릇을 고쳐 나가기 시작했다. 그러자 정말 희한한 일이 일어났다. 좋은 일들이 일어나기 시작한 것이다. 그렇게 바랐던 출판계약이 되었다. 그 책이 출간된 후 바로 초등학교 도덕 교과서에 글이 실렸다. 그때 나는 생각과 말을 교정함으로써 소망하는 것을 이룰 수 있다는 믿음을 가지게 되었다. 헤르만 헤세의 《데미안》의 명언처럼 나는 '부정적인 생각과 말버릇'이라는 알에서 벗어나야만 했다. 지금껏 살아온 습관이나 생각을 바꾼다는 것은 참 어려운 일이다. 그것도

4년 동안 500번의 퇴짜라는 상황은 점점 더 나를 알속에 가두는 결과만 가져왔었다. 이때 나의 부정적인 생각과 말버릇이라는 얼음을 깨는 도끼가 바로 인문고전과 자기계발서였다. 나는 철저하게 나 자신의 부정적인 요소를 분석했다. 그리고 포기하지 않는 열정과 각고의 노력으로 창조적 파괴의 고통을 감내하면서 '긍정적인 나로의 변신'에 성공했다.

새롭게 다시 태어나고 싶은 사람은 잘못된 습관과 생각의 틀을 깨는 창조적 파괴를 경험해야 한다. 과정은 힘들어도 그 고통이 지나면 눈부신 인생이 기다리고 있다. 이것이 100억 부자가 된 나의 첫 번째 이유다.

억만장자의 마인드를 가져라.

사람은 자신의 마인드 크기만큼 성공한다. 나는 그동안 수많은 여자 분들을 만나 나의 지식과 경험, 삶의 깨달음을 전해주었다. 그들을 만나면서 두 부류가 있음을 알게 되었다. 시장에서 콩나물 1,000원어치를 사면서도 100원을 깍는 하녀의 마인드를 가진 부류와 금액보다 가치를 보는 부류다. 정확하게도 그들은 자신의 마인드 크기대로 살고 있었다. 그들이 평소 바라는 삶을 살고 있는 것이다.

하녀의 마인드를 가진 사람은 스스로를 메뚜기 정도로 여긴다. 자신이 할 수 있는 일은 그저 남편 뒷바라지에다 자녀 양육이 전부라고 생각한다. 자신의 인생은 보잘 것 없다는 생각을 갖고 있기 때문에 스스로를 계발할 생각을 하지 않는다. 누군가를 만날 때도 그 사람이 나에게 어떤 자극이나 유익함을 주는지를 따져 보기보다 자신과 비슷한 처지의 사람인지를 따진다. 인생에서 가장 소중한 시간을 동네 카페에서 수다 떨기로 흘려보낸다.

사업가의 마인드를 가진 사람은 당장 눈앞만 보고 행동하지 않는다. 보다 넓게 멀리 본다. 그들은 자신의 인생의 크기에 대해서 알고 있다. 사람을 만날 때도 나에게 필요한 사람들 위주로 만난다. 일할 때도 무작정 처리하지 않는다. 우선순위를 정해서 하나씩 처리해 나간다. 인생에서 가장 중요하고 가치 있는 것은 돈이 아닌 시간이라 여긴다. 항상 시간적 가치를 따져보고 물건을 구매하거나 교육과정을 선택한다.

내가 하는 생각은 비슷한 것들을 끌어당긴다. 의식 속에서 어떤 생각을 하든지간에 그것은 곧 현실에 나타나게 된다. 마인드가 작은 사람은 오두막집과 같은 작은 그림을 그릴 수밖에 없다. 오두막집에 사는 사람은 큰 욕심 없이 하루 세끼 밥을 먹을 수 있는 것에 만족해하며 살아간다. 발전이 없는 삶을 사는 것이다.

마인드가 큰 사람은 욕망이 크다. 욕망은 비슷한 것들을 끌어당긴다. 그는 욕망을 실현시키기 위한 일련의 행동들을 할 것이다. 그렇게 하나 하나 성취해 나갈 것이다 하루 세끼 밥 먹는 것의 만족을 넘어서 자아실현을 해 나가고자 할 것이다. 부단히 자기개발을 할 것이다. 그 과정에서 원석이었던 자신을 빛나는 보석으로 거듭나게 할 것이다. 억만장자의 마인드를 가지는 것이 내가 100억 부자가 된 두 번째 이유다. 억만장자의 마인드를 가지는 구체적인 방법은 유튜브 〈김도사 TV〉 '내가 30대에 경제적 자유인이 된 비결' 편을 시청하기 바란다.

믿음이 미래를 창조한다.

믿음이 미래를 창조한다. 모든 것은 믿음으로 말미암아 나타난다. 과거에 나는 수십 개의 꿈들을 가졌다. 당시 나는 집안 배경이나 학력, 스펙 등 그 무엇 하나 특출난 것이 없었다. 대구의 시골에 위치한 고향집은 거액의 빚이 있었고, 연로하신 아버지는 하루가 멀다 하고 술에 취해 계셨다. 밭뙈기, 논 한마지기 없던 우리 집에는 어떤 희망도 보이지 않았다. 고향집 대문을 들어서면 우울한 공기에 숨이 막혔다. 그럼에도 불구하고 나는 다음과 같은 꿈 목록을 가졌다.

▶ *베스트셀러 작가 되기*
▶ *대형 서점에서 사인회 열기*
▶ *TV출연해서 강연하기*
▶ *외제 차 구입하기*
▶ *내 이름으로 된 아파트 장만하기*
▶ *100권의 책을 출간하기*
▶ *한 번 강연에 5,000만원 받기*

당시 나의 상황으로는 절대 실현할 수 없는 꿈들이었다. 친구들 역시 그 꿈들이 실현될리 만무하다고 여겼다. 사람들은 허무맹랑한 꿈을 꾸고 있다고 핀잔을 주었다. 하지만 나는 단 한 번도 꿈들이 실현되지 않을지도 모른다는 생각을 하지 않았다. 힘든 나의 상황과 꿈들을 분리해서 생각했던 것이다. 사람은 누구나 자신이 꿈꾸었던 것들만 이룰 수 있다. 나는 이 진리를 알고 있었다. 아무것도 내세울 수 없었던 내가 성공할 수 있었던 것은 단 하나, 꿈을 가지고 그것을 믿는 것이었다. 인생에서 가장 힘든 시절에 가졌던 그 꿈들은 모두 이뤄졌다. 아니 더 많은 것들을 실현했다. 내가 100억 부자가 된 세 번째 이유는 나의 꿈을 믿는 것이었다.

100억 이상의 부를 이룬 사람들에게는 3가지 공통점이 있다고 한다.

자기보다 더 잘나가는 사람들을 만나서 그들로부터 부자 되는 법을 배운다. 구체적인 목표를 가지고 끊임없이 자기계발을 한다. 스스로 운이 좋은 사람이라고 여긴다. 이 3가지를 실천하기 위해서는 우선 앞서 이야기했던 것처럼 의식의 전환이 우선되어야 한다. 의식이 전환되면 생각이 달라지고 행동과 습관도 달라진다. 이러한 모든 과정은 유튜브 〈김도사 TV〉에서 김도사의 핵심 내용 설명으로 그 비법을 모두 공개하고 있다. 지금 힘들고 좌절하고 용기를 잃어버렸다면 유튜브 〈김도사 TV〉를 구독하고 하나씩 배워나가기를 바란다. 분명 큰 힘이 될 것이다.

지적대화를 위한 인문고전 활용 Tip 28

"〈오십보백보〉는 맹자가 말한 비유법의 걸작입니다"

송 작가 모든 사람이 알고 있는 말이지만 누가 말했는지 잘 모르는 말 중에 하나가 '오십보백보(五十步百步)'일 것 같은데요. 의미는 '오십보 도망간 사람이 백보 도망간 사람을 비웃는다'는 뜻이죠. 별반 차이가 없을 때 자주 쓰는 말입니다.

김 도사 네, 맞습니다. 맹자가 한 말인데요. 우리가 자주 쓰는 속담이지만 그 배경이야기까지 자세히 알고 사용하면 훨씬 더 지적인 대화가 되겠지요. 자세한 이야기의 유래를 말씀드리겠습니다.

춘추전국시대 양나라 혜왕이 맹자에게 말했다. "난 마음을 다해 백성을 다스립니다. 하내 지방에 흉년이 들면 하동의 곡식을 옮겨 하내 지방 백성을 먹이고, 하동 지방에 흉년이 들면 하내의 곡식을 옮겨 하동 백성을 먹였습니다. 그런데 백성들은 불만을 품고 다른 나라로 이주하고 있으니 무슨 이유입니까?" 이에 맹자는 "전하께서는 전쟁을 많이 하셨으니 전쟁에 대해서 잘 아실 겁니다. 전쟁이 한창일 때 겁이 난 병사가 갑옷과 투구를 던지고 도망쳐서 백보쯤 가서 멈추었습니다. 또 다른 병사도 겁이 나 도망치다가 오십보쯤 가서 멈추었습니다. 그리고 백보 도망친 사람을 겁쟁이라고 비웃었습니다. 전하 생각은 어떻습니까?" "오십보나 백보나 도망친 것은 매한가지이니 조금 도망쳤다고 남을 비웃을 수 있겠소?"라고 혜왕이 말했다. "그 이치를 아신다면 이웃나라보다 백성이 많아지지 않는다고 한탄하지 마십시오. 전하의 정치는 백성들에게는 다른 나라와 '오십보백보'차이이므로 진정으로 전하의 백성을 늘리고자 하신다면 과다한 세금은 줄이고 약한 사람을 정성으로 돌보는 인의의 정치를 펴셔야 합니다."

혜왕은 잦은 전쟁과 과도한 세금으로 국력이 약해진 이유를 백성의 탓으로 돌리고 있었습니다. 그런 혜왕에게 인의의 정치를 펼 것을 맹자가 조언하고 있죠. 잘 알아듣지 못하는 혜왕에게 혜왕이 잘 아는 전쟁 상황을 예로 들어 비유법으로 설득한 겁니다.

송 작가 역시 맹자의 비유법은 상대를 설득하는 최고의 대화법이라는 생각이 듭니다. 이제 '오십보백보'라는 말을 사용할 때, 또는 누군가가 대화 중에 '오십보백보'라는 비유를 들 때 맹자의 이야기를 첨언한다면 대화가 한층 더 지적으로 흘러갈 것 같습니다.

05

4차 산업혁명, 인문고전이 선도한다

모든 인식은 지각의 묶음이다.

– 데이비드 흄 –

인문고전으로 무장한 인재를 찾아라!

"끊임없이 실패의 위험을 감수하는 사람만이 예술가로 살아갈 수 있습니다. 밥 딜런과 피카소는 언제나 실패의 위험을 감수했습니다."

스티브 잡스가 한 말이다. 그는 언제나 자신을 예술가로 생각했다. 사업가이자, 인문학도였고, 심플함을 추구하는 예술가였다. 그의 인문학적 관점은 애플 기기의 곳곳에서 나타난다. '가장 궁극적인 디자인은 없어져서 보이지 않는 것이다'라고 디자인 철학을 제시하자 모든 기기의 단추를 없애버렸다. 애플이 초기 컴퓨터를 생산할 때에는 하드 본체를 모니터 속으로 넣어서 보이지 않게 만들었다. 이것도 보이지 않게 만드는 그의 철학을 구현한 것이다.

"나는 그리스 라틴 고전을 원전으로 읽는 것이 취미였습니다."

〈페이스북〉 창업자 마크 주커버그의 말이다. 그는 자신의 창의성의 원천을 인문고전이라고 말했다. 라틴 고전을 원전으로 읽는다는 것의 의미는 우리가 〈손자병법〉을 원문 한자 그대로 읽는 것과 같은 의미다. 원문 고전을 읽는다는 것은 결코 쉬운 일이 아니다. 그러나 힘들게 읽는 이유는 그만한 가치가 있기 때문이다.

"개화기에 조선을 침략한 국가를 순서대로 쓰시오"

"중세 철학자들을 나열한 후 활동 시기와 순서는?"

"몽골과 로마제국의 성장 과정과 이를 통해 우리 회사가 얻을 수 있는 시사점은?"

"우리나라 위인 가운데 시대적 상황에 의해 역사적으로 저평가된 인물을 골라 서술하라."

위 질문은 우리나라 대기업의 신입사원 선발 시 치르는 입사시험 문제이다. 한국의 대기업도 신입사원을 뽑을 때 인문학적 소양을 묻고 있다. 공무원도 마찬가지다. 인문 시사 50권을 지정하고 면접 시 숙지 여부를 확인하는 선발 방식을 발표했다. 세상이 온통 인문학 열풍으로 가고 있는 것이다.

그럼 왜 이렇게 인문학 열풍이 불고 있는가? 4차 산업혁명 시대에도 이런 인문학 열풍이 계속될 것인가? 계속된다면 그 이유는 무엇일까?

그 답을 단적으로 보여주는 사례가 있다. 2011년, 〈구글〉은 신입사원 6천 명을 뽑았다. 그 중에서 5천 명이 인문학 전공자였다. 우리가 말하는 문과가 아니라 경제, 경영을 제외한 순수 인문학 전공자를 말한다. 〈구글〉은 미래를 보며 인문학이 기술을 선도하는 비전을 미리 확신한 것이다. 〈인텔〉의 경우도 마찬가지다. 인텔은 약 100명의 학자들로 구성된 인텔 랩을 운영한다. 이곳에서 모든 지시가 이루어지는 시스템이다. 이 인텔 랩을 이끌어 가는 사람이 '쥬느비에브 벨'이었다. 그녀는 페미니스트이자 막시스트였고 인류학을 전공했다. 그녀가 인텔에 입사 원서를 제출했을 때 합격할 것이라고는 생각하지 않았다고 한다. 그러나 인텔은 미래 가치를 알아보았다. 그녀를 선발했고 인텔 랩에 배치했다. 그녀는 인류학 전공자답게 인간을 이해하고 인간을 위한 생각을 기술로 구현하는 연구를 했다. 그리고 그녀는 입는 컴퓨터, 초소형 퍼스널 로봇 등을 생각해 냈다. 그녀는 기술자가 아니다. 이런 제품이 나오면 좋겠다는 아이디어를 제시한 것이다. 그리고 기술이 이를 뒷받침하는 구조로 새로운 제품을 만들어낸 것이다. 인텔은 확실히 인문학적 경영을 하고 있다.

스토리를 만들어 내는 상상력의 힘

1991년, 나는 대학 입학 선물로 컴퓨터를 받았다. 처음으로 내 컴퓨터가 생긴 것이다. 컴퓨터를 잘 하려면 게임을 배워야 한다고 했다. 그래서 만난 첫 게임이 〈스타크래프트(STARCRAFT)〉였다. 게임을 시작했을 때 첫 장면을 잊을 수 없다. 먼저 게임의 스토리가 나온다. 그 스토리를 읽고 있으면 머릿속에서 그림이 그려진다. 지금도 마찬가지다. 게임을 선택하는 기준은 스토리다. 그래픽 기술이 뛰어나서 그 기술 때문에 선택하지는 않는다. 그 〈스타크래프트(STARCRAFT)〉를 만든 사람들은 공학을 전공한 사람이 아니다. 그들은 고고 미술 사학을 전공했다. 그래서 그런 멋진 스토리를 만들어낼 수 있었던 것이다.

「'피쿼드'호의 일등항해사는 스타벅이었다. 넨터컷 토박이에 대대로 퀘이커교도 집안이었다. 큰 키에 성실한 사람이었고...」

커피 전문점 〈스타벅스〉에도 스토리가 있다. 스타벅스의 창업자 제리 볼드윈은 H.멜빌(H. Melville)의 《모비딕(Moby Dick)》이라는 소설의 애독자였다고 한다. 그는《모비딕》에 나오는 포경선 '피쿼드'라는 이름 대신 '스타벅'이라는 일등항해사의 이름을 사용했다. 그런데 여러 명의 '스타벅'이라는 의미에서 복수형의 '스타벅스'라고 지었다고 한다.

우리나라 기업인 '롯데'의 창업자 신격호 회장은 독일의 문호 괴테의 《젊은 베르테르의 슬픔》이라는 소설의 애독자였다. 그래서 회사 이름을 여주인공 '샤를 롯데'의 애칭인 '롯데'를 따와서 지었다고 한다. 이처럼 스토리의 힘은 막강하다. 사람을 끌어들이는 마법이 있다.

그래서 회사는 스토리를 잘 만드는 사람이 필요하다. 이런 사람을 '인문학적 소양을 갖춘 인재'라고 한다. 우리나라 대기업도 이제는 '스펙은 중요하지 않다. 인문학적 소양을 갖춘 인재가 필요하다. 우리는 그런 인재를 뽑을 것이다'라고 선포하고 있다. 이게 4차 산업혁명으로 가는 현실에서 인문학의 중요성을 나타내는 현상이다.

20세기 세계 최고의 기업은 〈GE〉였다. 〈GE〉의 창업자는 발명왕 에디슨이다. 에디슨은 발명가이자 사업가였다. 그는 〈GE〉를 창업하고 회사의 모토를 'Imagination at work(일하는 현장에서 상상을 하라!)'로 정했다. 당시에는 발명이 생산성을 높이고 기술개발을 이끄는 선도적 역할을 했다. 100년이 지난 후 지금은 어떤가? 스티브 잡스는 새로운 기술개발을 통해 스마트폰을 발명한 것이 아니다. 그는 단순히 여러 개로 나뉘어져 있었던 것을 한 군데로 모았을 뿐이다. MP3 Player와 컴퓨터, 휴대폰을 하나로 모았다. 그리고 세계 일류 기업이 되었다. 스티브 잡스는 이런 생각을 하는 사람이었다. 하나로 모으는 생각! 이것이 힘이다.

애플의 모토를 보면 100년 전과 100년 후의 차이를 분명하게 알 수 있다. 이것은 시대의 흐름을 읽는 데도 중요한 자료가 된다. 100년 전 세계 일류 기업이었던 〈GE〉의 모토는 'Imagination at work(일하는 현장에서 상상을 하라!)'였다. 100년 후 세계 일류 기업인 애플의 모토는 'Think Different!'이다. '다르게 생각하라!'는 것이다. 발상의 전환을 하라는 것이지 생산 현장에서 발명을 하라는 이야기가 아니다. 다르게 생각할 수 있는 힘이 경쟁력이 되는 시대다. 기업의 생존 기술이 되는 시대다.

20세기 천재 과학자 아인슈타인은 인문학적 인성을 가진 과학자였다. 그는 학생들을 가르치면서 조화로운 인간에 대해 강조했다. 과학기술만 가르치면 쓸모 있는 기계가 될 수는 있다. 하지만 인문학적 소양을 통한 도덕적인 교육이 없으면 조화로운 인간으로 발전하지 못한다고 했다. 그래서 지식만 갖춘 사람이 되는 것을 경계했다. '전문적인 지식만 갖춘 사람은 마치 잘 훈련된 동물에 가깝다'라고 했다. 역사상 가장 위대한 천재 과학자 역시 인문적 소양을 갖춘 인간상을 이야기했다.

4차 산업혁명 시대에도 마찬가지다. 그래서 인문학이 과학기술을 선도하는 시대가 온 것이다.

4차 산업혁명 시대, 과학기술은 세상을 바꿔 놓고 있다. 자율 주행 자동차가 운전 면허증을 사라지게 하고 드론이 택배 기사를 대신해서 배달을 하는 시대가 온다. '알렉스'라는 생활 속의 로봇이 모든 지적인 질문에 답을 하고 가전제품들을 조종한다. 그런데 여기서 주목해야 할 점은 이런 모든 것들이 인간을 향하고 있다는 것이다. 스티브 잡스, 마크 주커버그 등 시대를 선도하는 기업들도 모두 인간을 위한 제품들로 일류 기업이 되었다. 4차 산업혁명의 시대도 인간을 위한 창의성이라는 본질은 변하지 않는다. 인간을 더 잘 이해해야 4차 산업혁명을 주도할 수 있는 것이다. 인문학이 아이디어를 제공하고, 과학기술이 현실로 만들며, 경제사회가 비즈니스를 연결하는 구조가 4차 산업혁명 시대이다.

지적대화를 위한 인문고전 활용 Tip 29

"사람 보는 눈이 어두운 사람에게 호가호위(狐假虎威)의 통찰을 알려주다"

송 작가 사람 보는 눈이 어두운 사람은 사기도 잘 당합니다. 겉으로 포장된 허세와 허풍에 속아서 쉽게 말려들죠. 이런 사람들에게 꼭 필요한 고전의 지혜를 알려주십시오.

김 도사 허세와 허풍으로 자신을 포장하는 사람은 대개 사기성이 농후한 사람입니다. 이런 사람은 남 앞에 나서기를 좋아하고 자신을 드러내고 싶은 욕망으로 가득 차 있죠. 남의 힘을 빌려서라도 자신이 추구하는 것을 이루려는 사람입니다. 이런 사람을 단박에 알아보기 위해서는 통찰력을 키워야 합니다. 이때 사용되는 통찰력은 눈에 보이는 것만 믿는 것이 아니라 보이지 않는 본질을 보려고 하는 눈을 키워야 한다는 겁니다. 중국 한나라의 유향(劉向)이 전국시대 전략가들의 책략을 편집한 책인 《전국책》에 보면 호가호위(狐假虎威)라는 일화가 있습니다. 본질을 보는 안목을 키우기에 적합한 일화라고 생각됩니다.

호랑이한테 잡아먹히게 된 여우가 이렇게 말했다. '나를 모든 짐승의 우두머리로 정하신 천제의 명이 있었다. 네가 지금 나를 잡아먹으면 천제의 명을 어겨 천벌을 받는다. 만약 내 말을 못 믿겠으면 당장 내 뒤를 따라와 보라. 나를 보고 달아나지 않는 짐승은 단 한 마리도 없을 것이다.' 그래서 호랑이가 여우를 따라

갔는데, 과연 여우의 말대로 만나는 짐승마다 혼비백산하여 달아났다. 사실 짐승들이 달아난 이유는 여우 뒤에 있는 호랑이 때문이었다. 호랑이만 그 사실을 전혀 깨닫지 못했다.

여우는 호랑이의 위세를 빌려 자신이 강한 동물인 척 허세를 부리는 겁니다. 힘 있는 자에게 빌붙어 자신의 뜻을 이루려는 사람은 호가호위(狐假虎威)의 전형이라고 하겠습니다.

송 작가 여우의 허풍과 조작된 위세의 본질을 보아야 한다는 깨달음을 주는군요. '빈 수레가 요란하다'라는 속담과도 연결해서 생각해보면 좋을 것 같습니다. 이런 사람의 말로는 늘 처절하다는 것을 생각해보면 같이 편승하지 않는 것이 지혜롭다는 생각이 듭니다. 이제 누군가가 허세와 위세로 접근하면 호가호위(狐假虎威)의 안목으로 본질을 먼저 살펴봐야겠습니다.

06

내 삶의 원칙이 필요할 때 인문고전을 읽어라

긍정적인 마음가짐과 낙관적인 태도로 인생을 대하고 도전을 받아들여 어려움을 당당히 마주한다면 이미 절반의 성공을 거둔 것과 다름없다.

– 데이비드 흄 –

'91, 19'

〈91.19〉 라는 숫자를 인터넷으로 검색하면 한 사람에 대한 수많은 기사가 검색창에 뜬다. 바로 가수 양준일에 대한 글과 동영상이다. 10대부터 50대에 이르기까지 그의 팬덤은 한 연령층에 국한되지 않고 모든 세대를 아우르는 것으로 유명하다. 왜 그렇게 가수 양준일에게 열광하는 것일까? 양준일은 '신은 죽었다'로 유명한 니체의 철학을 그의 삶 속에서 실천한 예술가다. 1991년에 〈리베카〉라는 노래로 파격적인 패션과 온몸으로 노래를 표현했던 그의 춤은 '시대를 앞서간 예술가'라는 수식어를 붙였다. 당시에는 호불호가 명확하게 갈렸던 가수였다. 짧은 가수활동을 접고 그는 돌연 가요계에서 사라졌다. '90년대 초반의 한국 가요계는 그가 표현하고자 하는 방향과 맞지 않았다. 심지어 재미 교포인 그를 다시는 한국에서 활동하지 못하게 하겠다는 모욕적인 말도 감수해야 했다. 결국 다시 미국으로 돌아간 그는 너무나 다른 환경에서 힘들게 살아야만 했다. 28년이 지나 2019년에 한 TV방송 프로그램에서 그를 다시 찾았을 때 그는 레스토랑에서 써빙을 하면서 한 아이의 아빠이자 남편으로서 살고 있었다. 2019년 11월, 화려하게 컴백한 그는 한 방송과의 인터뷰에서 그동안 얼마나 힘들게 지냈느냐는 사회자의 질문에 이렇게 답변했다.

"과거의 영광에 집착하지 않으려고 노력했습니다. 많은 것을 내려놓아야 했고요. 마음을 비우고, 다시 채우고, 비우고 다시 채우고를 반복하면서 나 자신을 알아가는 시간이 많아질수록 희망을 갖게 되었습니다."

그리고 한 라디오 방송에 출연했을 때는
"이런 인기에 대해 실감하십니까?"라고 질문하자
"이게 익숙해지지 않았으면 좋겠습니다. 타성에 젖지 않게 말이죠" 라고 말했다.

가수 양준일의 생각과 말은 니체가 말한 '인생은 사건이 아니라 해석이다'와 상당히 닮아 있다. 특별히 그가 니체를 언급하며 이야기하지는 않았지만 힘든 시기에 어떻게 그 상황을 해석하느냐에 따라 인생이 달라짐을 알고 있었던 것이다. 그는 누구 탓도 하지 않았고 오직 자신에 대한 성찰을 통해 힘들지만 긍정과 희망의 인생을 살아왔다. 바로 이런 인간적인 모습과 겸손함이 전 연령층의 팬들이 그에게 열광하는 이유다.

인문학도 이렇게 우리 삶속에 스며들어야 한다. 사상과 철학을 논하라는 것이 중요한 것이 아니라 단 한 문장의 말이라도 내 삶에 어떻게 적용하느냐가 중요하다.

지금까지 잘못 살았다면 싹 다 갈아엎어라.

시대상을 반영하는 것은 문학뿐만 아니라 모든 예술분야에서 다루는 주제이다. 특히 대중가요는 그 파급효과가 한 시대의 국민적 정서를 만들기도 한다.

"싹 다 갈아 엎어주세요. 머리부터 발끝까지 모조리 싹 다 갈아 엎어주세요. 나비 하나 날지 않던 나의 가슴에 재개발해 주세요."(이하 생략)

국민 MC 유재석이 유산슬이라는 이름으로 부른 〈사랑의 재개발〉이라는 노래의 가사이다. 이 노래와 함께 유재석은 트로트계에 거물급 신인으로 등장했다. 이 노래의 가사는 시대적인 요구를 반영하는 의미가 크다고 하겠다. 대통령 신년기자회견장에서 기자들이 대기하는 동안 흘러나왔던 노래도 이 노래였다. 국민들이 바라는 바를 제대로 듣고 있으며 변화를 위한 동력을 조성하겠다는 의지를 간접적으로 보여주는 일종의 퍼포먼스였을 것이다.

신라 진평왕 때 백제 무왕이 지었다는 향가 〈서동요〉도 시대상을 알 수 있는 노래이다. 백제 무왕이 소년 시절에 서동으로서 신라 서울에 들어가 선화공주를 얻으려고 아이들에게 지어 부르게 했다는 이야기가 전해진다. 〈서동요〉를 번역해보면 다음과 같다.

"선화공주님은 남몰래 사귀어(통정하여 두고) 서동 도련님을 밤에 몰래 안고 간다."

동요가 신라 서울에 가득 퍼지게 되자 백관들이 간언하여 공주를 먼 곳으로 귀양을 보내게 했다. 공주가 귀양지에 이를 무렵 서동이 도중에 나와 절을 하며 모시고 갔다고 한다.

음악은 사람의 감정과 생각을 솔직하게 전달하는 예술행위다. 슬프거나 우울하면 애절하고 구슬프게 부르고, 즐거울 때는 신나고 흥겹게 부른다. 시대를 풍자하는 노래는 그 의미가 정확하게 전달되도록 하는 데 묘미가 있다. 그래서 슬프지 않지만 애절하고 즐겁지 않지만 신나게 부른다. 천 년 전의 고대가요나 향가, 고려속요, 시조 등도 그 당시에는 개인의 감정이나 사회를 풍자하는 노래로 불렸을 것이다. 지금은 그 가사들이 고전문학이라는 이름으로 연구되고 있지만 당시에는 유행하는 노랫말이요 음악이었다. 유산슬의 〈사랑의 재개발〉 역시 시간이 지나면 시대를 풍자하는 노랫말로 연구되어질지 모른다. 인간에 대한 이야기를 담고 있기 때문이다.

지금껏 인생을 잘 살지 못했다면 유산슬의 노래처럼 싹 다 갈아엎어야 한다. 내 인생을 재개발한다고 생각하고 머리부터 발끝까지 모조리 싹 다 갈아엎어라. 그리고 다시 만들어진 하얀 도화지 위에 인문고전으로 내 삶의 원칙을 처음부터 다시 써보자.

도서관에서 삶의 원칙을 다시 세워라.

배터리가 다된 장난감은 다시 켤 때마다 조금씩 움직이다가 바로 꺼진다. 도서관은 희망을 잃어버린 사람들에게 조금씩 움직이다가 꺼지는 장난감 배터리를 재충전시켜 주는 장소다. 사람은 무엇을 해야 할지 모를 때 방황하거나 무기력감에 빠져든다. 인문고전 독서라는 작은 목표를 세우면 적어도 무엇을 해야 할지 몰라서 방황하지는 않게 된다.

이지성 작가는《리딩으로 리드하라》에서 '전 세계 0.1% 부자들은 인문고전을 읽는다'라고 했다. 그리고 그 증거로 성공한 유명인의 인문고전 독서 습관을 제시했다. 그 중에서 영혼의 투자자로 불리는 존 템플턴의 말이 인상적이다.

"어떻게 하면 성공할 수 있습니까?"라는 질문에
"자기 자신을 살아 있는 도서관으로 만들어라"라고 답변했다.

그는 유명한 독서광이었다. 그리고 진정한 부자가 되기 위한 스물한가지 삶의 원칙을 담은《템플턴 플랜》이라는 책을 저술했다. 그는 이 책에서 자신은 독서에서 얻은 지식을 토대로 세상 사람들이 행운이라고 부르는 것을 얻었노라고 고백했다. 그가 말한 독서는 인문고전 독서였다.

무기력하고 우울한 생각들은 천재들의 생각이 들어오면서 희석되기 시작한다. 산골짜기 옹달샘 속에 있는 낙엽과 잔가지를 제거하고 손으로 한 움큼 모래흙을 들어내면 뿌옇게 흐려진다. 2분 정도 기다리면 졸졸 흐르는 새로운 물이 흙탕물을 조금씩 밀어내고 금방 맑은 물로 채워진다. 머릿속이 어둡고 무거운 생각들로 가득찼다면 공자의《논어》, 노자의《도덕경》, 사마천의《사기》, 연암 박지원의《열하일기》, 손무의《손자병법》, 호메로스의《오디세이아》, 마키아벨리의《군주론》, 톨스토이의《인생이란 무엇인가?》, 니체의《짜라투스트라는 이렇게 말했다.》와 같은 인문고전의 지혜를 머릿속으로 흘려보내라. 옹달샘이 맑아지듯이 말이다.

어두운 터널 안에서 좌절하고 주저앉느냐, 힘껏 달려가며 출구의 빛을 보게 되느냐는 정신에 달려 있다. 이 정신을 바로 세우고 생각을 바르게 하는 공부가 인문고전 공부다. 지금 힘들고 지쳐서 번-아웃 되었다면 인문고전 독서를 시작하라. 한 권, 두 권 읽다 보면 어느새 배터리가 충전되고 있음을 느낄 것이다.

지적대화를 위한 인문고전 활용 Tip 30

"실패한 사람에게 용기를 주는 말. 권토중래(捲土重來)"

송 작가 사람은 누구나 실패를 겪게 되는데요. 그 실패를 어떻게 받아들이냐에 따라 다시 도전해서 성공하기도 하고, 실패의 늪에서 빠져나오지 못하기도 합니다. 실패한 사람에게 어설픈 위로의 말은 오히려 해가 될 수 있습니다. 이럴 때는 다시 일어서겠다는 용기와 각오를 되새기는 조언이 필요할 텐데요. 어떤 말이 좋을까요?

김 도사 '흙먼지를 날리며 다시 오다'라는 뜻으로 권토중래(捲土重來)라는 고사성어가 있습니다. 당나라 시대 두목(杜牧)의 시 〈제오강정〉에 나오는 말이죠. 그 시 전문을 한 번 들여다보겠습니다.

승패병가사불기(勝敗兵家事不期) : 승패는 병가에 늘 있는 일이라 예측할 수 없다네

포수인치시남아(包羞忍恥是男兒) : 수치를 안고 모욕을 참아내야만 진짜 남아이지

강동자제다재준(江東子弟多才俊) : 강동 자제 중에 뛰어난 준재가 많았으니

권토중래미가지(捲土重來未可知) : 흙먼지 일으키며 재기가 가능했을지 알 수 없지 않는가?

이 시는 당나라 시대 시인 두목(杜牧)이 초패왕 항우(B.C. 232~202)가 죽은 지 천 년이 지나 쓴 시입니다. 시인은 오강에 이르러 그 옛날 유방에게 패한 항우의 최후를 떠올립니다. 만약 항우가 오강에서 자결하지 않고 강의 동쪽으로 건너가서 후일을 도모했다면 흙먼지를 날리며 다시 재기에 성공했을지 알 수 없다는 생각을 한 거죠.

송 작가 만약 실패의 늪에서 헤어나지 못하는 사람이 있다면 두목(杜牧)의 시를 적어서 말없이 건네주는 것도 좋을 것 같네요. 백 마디 말보다 스스로 읽고 뜻을 추려서 각오를 다지도록 말이죠.

에필로그

태어나려는 자는 하나의 세계를 깨뜨려야 한다

"새는 알에서 나오려고 투쟁한다. 알은 세계이다. 태어나는 자는 하나의 세계를 깨뜨려야 한다."

헤르만 헤세의 소설 《데미안》에서 싱클레어가 보낸 그림에 대해 데미안이 보낸 답장에 나오는 말이다. 헤르만 헤세는 인생의 깊은 통찰에서 오는 깨달음을 '새'의 부화과정에 비유해서 표현했다. 사람은 누구나 현재보다 더 나은 삶을 살기를 원한다. 그 욕망의 정도가 강하거나 약한 정도의 차이만 있을 뿐 누구나 가지고 있는 욕망이다. 인간의 욕망을 실현하는 데 있어서 중요한 요소 중 하나는 '태도'이다. 주어진 환경의 틀을 깨기 위해서는 어떤 태도를 유지하느냐에 따라 결과가 달라진다.

'계란을 스스로 깨면 병아리가 되고, 남이 깨면 프라이가 된다'라는 유머가 있다. 인생의 이치를 담은 철학적인 유머이다. 인생의 틀을 어느 정도 갖추어버린 상태에서 다시 태어나기 위해서는 스스로 알을 깨기 위한 노력이 필요하다. 남이 깨 주기를 바라는 태도, 남에게 의지하는 태도로는 온전한 '다시 태어나기'가 완성될 수 없다.

직장, 가정, 부부관계, 연인간의 사랑, 친구간의 우정 등 우리는 수많은 관계 속에 연결되어 상처를 받기도 하고 주기도 한다. 그리고 그 갈등을 해결하려 노력한다. 그 과정에서 쉽게 좌절하기도 하고 희망의 끈을 놓아버리기도 한다. 이때 중요한 것은 내 의지로 갈등을 해결해야 하겠다는 태도를 가져야 한다는 것이다. 그 다음으로 필요한 것이 인문학적 질문을 통해 현명하고 지혜롭게 문제에 접근하는 것이다. 우리가 인문고전을 읽는 이유가 여기에 있다. 매번 같은 수준의 친구와 주변 사람들에게 조언을 구해봤자 내가 생각한 이상의 훌륭한 답안지가 나오기 어렵다. 오히려 자신의 일이 아니라서 쉽게 이야기하는 경우 마음의 상처를 받기도 한다. 주변의 조언이 꼭 나쁘다는 말은 아니다. 더 좋은 방법을 찾으라는 것이다. 성경에 '맹인이 맹인을 인도하면 둘이 다 구덩이에 빠지리라'(마태복음 15:14)라는 말이 있다.

인문고전이 수천 년 명맥을 이어오면서 사람들에게 선한 영향력을 미쳐온 것은 인간에 대한 문제는 본질이 같기 때문이다. 알타미라 동굴 벽화에서 요즘 것들에 대한 훈계가 지금도 형태만 다를 뿐 본질은 같은 의미로 되풀이 되듯이 말이다. 그래서 역사 속의 훌륭한 현자들은 이런 문제에 어떻게 대처했는지 질문해야 한다. 질문을 던지고 나서 책을 읽으면 저자와 생각 나누기가 시작된다. 저자와 공감하거나 저자와 다른 내 생각은 그때그때 책 여백에 메모를 해두면 좀 더 구체적인 생각으로 정리할 수 있다. 그리고 바로 그 순간 나도 모르게 지적 성장이 이루어진다. 지적 성장은 통찰력을 불러오고 문제의 본질을 볼 수 있게 해준다.

"인문고전을 수백 권 읽어도 삶이 변하지 않아요. 플라톤의《국가》, 마키아벨리의《군주론》은 어려워서 이해가 안 되고요. 무엇이 잘못되었는지 모르겠어요. 도와주세요!"

위 말은 경기도 안산에 사는 한 대학생 독자가 보내온 메일의 일부이다. 인문고전을 수백 권 읽었는데도 삶이 변하지 않는다며 어떻게 하면 인생이 바뀌는 독서를 할 수 있는지 답을 알려달라고 했다. 독서와 상관없이 한 가지 분명한 사실은 '사람은 변하기 어렵다'는 것이다. 책 수백 권을 읽어서 가장 이상적인 모습으로 자신을 변화시킬 수 있다면 세상은 온통 행복한 사람들로 가득찰 것이다. 하지만 수백 권의 책을 읽고도 변하지 않는 것은 당연하다. 삶이 변하는 것은 한 순간에 변하는 것이 아니라 조금씩 나도 모르게 성장하는 것이기 때문이다. 로또 당첨으로 하루아침에 벼락부자가 된 사람들의 90%가 로또 당첨 이전보다 더 힘들게 산다고 한다. 무슨 의미일까? 한꺼번에 쏟아진 부를 감당하지 못하고 그렇게 큰돈을 써 본 적이 없어서 실수를 하게 되는 것이다. 준비되지 않은 변화는 오히려 해가 될 수 있음이다.

수백 권의 책을 읽었으면 분명 읽기 전의 자신과 읽은 후의 자신의 모습이 달라져 있을 것이다. 변화의 기대심리를 낮추면 저절로 보이게 된다. 그리고 생활 속에서 꾸준히 실천하다보면 자기도 모르게 생각이 달라지고 세상을 바라보는 눈도 달라질 것이다. 수백 권으로 안 되면 수천 권으로 목표를 조정하면 된다. 조바심을 없애는 것도 현명한 방법이다. 우리는 인터넷 검색으로 그 어떤 정보도 얻을 수 있는 검색의 시대에 살고 있다. 바로 바로 답이 나오는 시대에 익숙해져서 독서도 결과가 바로바로 나와야 직성이 풀리는 것처럼 생각하기 쉽다. 그런데 인간의 정신세계는 마이크로 칩 하나 바꿔 끼우면 업그레이드되는 로봇이 아니다. 훨씬 더 많은 자극으로 생각을 연결해야 성장할 수 있는 생명체다. 이런 각고의 노력이 있어야 스스로 껍질을 깨고 알에서 나올 수 있다. 인문고전이 여러분의 인생에 지혜로운 길잡이가 되기를 바란다.